Multatuli...

Lodewijk van Deyssel, A. J.

MULTATULI.

MULTATULI

DOOR

A. J.

UITGAVE VAN J. C. LOMAN JR. TE BUSSUM.
1891.

Harvard College Library
May 12, 1919
Minot fund

SNELPERSDRUK VAN H. C. A. THIEME TE NIJMEGEN.

Het laatst verloopen jaar is een rijk jaar geweest voor boekhandel en letterkunde; rijk aan voor den boekhandel veelbelovende en te gelijk — wat maar al te zelden het geval is — voor de letterkunde interessante uitgaven. Van de verschenen werken, welke betrekking hebben op de geschiedenis der letterkunde, kan er ongetwijfeld geen in beteekenis wedijveren met de twee deelen [1]), waaraan het ons een genoegen is hier eene bespreking te kunnen wijden. Het laatste dier twee verscheen in de allerlaatste dagen van het jaar 1890 en vormde dus een waardig en eigenaardig besluit. Hoewel deze twee deelen slechts het allereerste begin der uit te geven Brieven schijnen uit te maken, bevat-

---

[1]) Brieven van Multatuli. Bijdragen tot de kennis van zijn leven. Gerangschikt en toegelicht door Mevr. Douwes Dekker, geb. Hamminck Schepel. Het ontstaan van den Havelaar, 1859. — Amsterdam, W. Versluys. 1890.

Brieven van Multatuli, enz. — De Havelaar verschenen, 1860. — Amsterdam, W. Versluys, 1890.

ten zij stof genoeg om tot eene volledige behandeling aanleiding te geven, stof genoeg om, door toevoeging van het weinige wat er nog aan de kritiek over onzen meest besproken negentiende-eeuwschen auteur ontbreekt, die eenigermate te vervolledigen; en dit niet alleen door den flinken voorraad bijzonderheden, dien wij in deze deelen reeds aantreffen, maar ook vooral omdat Multatuli's karakter in deze brieven van 1859—60, zich, ook van zijn tot nu toe niet zoo geheel, althans niet zoo authenthiek, bekende zijde, vertoont met eene zon-heldere duidelijkheid, die mogelijk maakt de algemeene trekken nu voorgoed vast te stellen, in de zekerheid, dat die door de nog te verschijnen bescheiden niet anders dan bevestigd zullen kunnen worden.

Er zijn drie hoofdsoorten van auteurs-brieven. Vooreerst die, waarvan de schrijvers er naar streven de minste met hun naam geteekende schrifturen tot vlekkeloos grammatikaal-korrekte stukjes te fatsoeneeren, waarvan de schrijvers geen onderscheid maken tusschen hun voor de drukpers en het publiek en hun voor een postcouvert en een enkelen persoon bestemde bladzijden. Hun eenvoudigste briefjes zullen glad, netjes en „mooi" zijn als de steeds „aan kant" gehouden zitkamer eener Hollandsche vrouw, maar zullen ook geen spoor van de charme eener huiselijk-intieme, ongewild-oprechte en pittoresque wanorde vertoonen. Het echte intérieur van hun gemoedsleven, bevroren in keurige spraakkunstvormen, — zij 't ook met de koude pracht van een ijspaleis, — getoiletteerd met eene onberispelijke punktuatie, zal voor hun lezers nooit gemakkelijk te betreden en geheel te leeren kennen zijn.

De tweede soort auteursbrieven zijn die, wier schrijvers een radikaal onderscheid maken tusschen gedrukt en ongedrukt. Als deze de pen ter hand nemen om haar gedurende eenige uren in dienst te stellen van de drukpers, doen zij hunner gedachte en de uitdrukking daarvan iets als een officiëel, konventioneel tuig aan, gebruiken alleen algemeen aangenomen en vaststaande zins- en stijlwendingen, die hun overigens even gemeenzaam zijn als aan ambtenaren van den Burgerlijken Stand en aan Geestelijken de formules der huwelijksplechtigheden. Maar, als ware daar toch iets minder aangenaams in, hoe wreken zij zich op hunne eigene, in hun schatting verplichte, deftigheid, als, in een ander gedeelte van den dag, het uur der gemeenzame korrespondentie heeft geslagen! Dan vermeien zij er zich in, zoo gemakkelijk mogelijk, ja, meer dan gemakkelijk, achteloos, slordig, zich in hemdsmouwen te bewegen. Daardoor ontstaat zulk een buitensporig verschil tusschen hun publieke en hun private geschriften, dat eene vergelijking van die twee soorten voortbrengselen zou doen wanen, dat men met twee menschen te doen heeft in plaats van met een en denzelfden.

De derde soort auteursbrieven gelijken den eerstgenoemden, doch op omgekeerde wijze. Het zijn de brieven dier schrijvers, die denken, spreken, boeken schrijven, en brieven schrijven, alles op de zelfde manier, en wel niet op een vooraf door hen bedachte of aangenomene, maar alleen zóó, als hun gemoed en geest het hun op 't oogenblik van 't schrijven zelf ingeeft. Van hen kan men met alle recht zeggen, dat zij schrijven in den meest ongebonden aller stijlen. Zij bemoeien zich niet met stijl, zij laten de kompositie van hun stijl geheel aan de spontane werking hunner stemming over.

Multatuli behoorde tot deze laatste schrijvers. Behalve dat de toon in zijn publieke werken hier en daar iets hooger is aangezet, heeft hij al die werken geschreven alsof het intieme brieven waren. Dát althans kunnen wij nu met de meeste stelligheid weten. Wij zijn nu in staat de brieven, de huishoudelijkste en innigste brieven naast de openbare werken te leggen en te konstateeren: Multatuli heeft nooit kunnen vermoeden, dat deze brieven eens openbaar zouden worden, hij schreef zooals hij dacht, en: zijn ander werk is precies als deze brieven. Ook in dat andere werk schreef hij dus zooals hij dacht. Deze man heeft de o. a. door Zola in Musset als zeldzaam geprezen verdienste van nooit te hebben gelogen.

Laat ons dus herhalen: nu wij deze brieven bezitten, nu wij dus zonder zweem van twijfel weten, dat Multatuli zich steeds gaf, zooals hij was, nú kunnen wij pas degelijk aan de karakteristiek van zijn persoon arbeiden, zonder vrees dat later eventuëel te ontdekken gegevens onze waardeeringen zouden kunnen beschamen. En daarom zijn deze Brieven zulk een belangrijke uitgaaf te achten, en daarom behoort het Nederlandsch publiek mevr. Dekker dankbaar te zijn, dat zij deze uitgave heeft ondernomen.

Er is een belangrijk verschil in opvatting van hunne taak als uitgeefster der Brieven hunner echtgenooten tusschen mevr. Dekker en mevr. Huet, belangrijk en zeer eigenaardig. De koele en effen brieven van onzen scherpen en kalmen officiëelen kritikus heeft zijne vrouw ons gegeven, zoo maar, zooals zij daar lagen, zonder eenig kommentaar, zonder emendaties, als archiefstukken ten behoeve der letterkundige geschiedenis. De ongedurige, woelige, nooit eens even bedaarde maar altijd hartstochtelijke epistolaire uitingen van onzen officieusen philosoof, romanschrijver en proza-dichter, worden ons voorgelegd als heftige pleidooien in een polemiek, die nog maar niet wil uitsterven, en mevr. Dekker omgeeft ze van, wikkelt ze als 't ware in kommentaren, in even intiemen toon gesteld als de brieven zelf, en waar zij onophoudelijk zoo nadrukkelijk mogelijk partij kiest voor haar beminden en vereerden man. Multatuli's vurige ziel werkt na zijn dood nog na, er komt nog vuur uit zijn graf, deze brieven zijn als de laatste brandende opwellingen van een vulkaan, dien men ten onrechte reeds voor geheel uitgeput hield.

I

TEGENWOORDIGE TOESTAND VAN MULTATULI'S
REPUTATIE.

Het schijnt inderdaad zeer moeilijk te zijn de figuur van Multatuli te naderen met onpartijdige, rechtvaardige waardeering. Niemand schijnt goed over hem te kunnen spreken zonder tevens het vuur zoo na te leggen aan de schenen van die er anders over denken, dat die personen onmiddellijk vlam vatten en den eersten spreker met brandende argumentatiën te lijf gaan.

Het best is dat gebleken door den strijd, dien het goedaardig bedoelde opstel van den heer Swart heeft gaande gemaakt. In den gloed van dat gevecht hebben de verschillende om het standbeeld, dat Multatuli zich in de heugenis van het Nederlandsche volk heeft opgericht, strijdende partijen, zich het duidelijkst afgeteekend. Om dus de openbare meening over Multatuli, in haar drie voorname schakeeringen te leeren kennen, moeten wij haar beschouwen in de uitingen harer meest op den voorgrond getreden vertegenwoordigers: de heeren Swart Abrahamsz, Top en Van der Goes.

De heer Swart is de vertegenwoordiger van het gemiddelde peil der meeningen. Hij heeft uitdrukking gegeven aan de appreciatie, die het groote beschaafde publiek in 't algemeen van Multatuli heeft. En zeker is, dat de heer Swart bij zeer velen der hier aangeduide lezers, die nog geene vaste meening hadden, en zich op dit punt nog steeds slechts van eene eenigszins antipathieke verbazing bewust waren, door zijn opstel eene overtuiging heeft gevestigd, gunstiger voor Multatuli dan hun verbazing-gevoel was. De heer Swart is aan de onrust van dit publiek te gemoet gekomen. Hij heeft iets geheimzinnigs voor hen verhelderd, een raadsel voor hen opgelost, hun eene zekerheid gegeven. De heer Swart heeft zijn doel volkomen bereikt; hij behoeft er niet aan te twijfelen, dat de opvatting van Multatuli's persoonlijkheid door hem voorgestaan, eene blijvende zal wezen voor het meerendeel der beschaafde Nederlanders.

De Multatuli-dwepers hebben in de op het verschijnen zijner studie gevolgde polemiek, — verreweg de meest geruchtmakende letterkundige twist der laatste tien jaar — den heer Swart uitgemaakt voor al wat leelijk is. Onder deze fanatici is het woord „huichelaar" toen van mond tot mond gegaan. Vooral heeft men er iets erg gemeens in meenen te zien, dat de heer Swart beweerde met zijn opstel een daad van piëteit te verrichten. Dit werd de grootst mogelijke valschheid gevonden. Toch is het zeker, dat zij, die zoo dachten, dwaalden. Bij den heer Swart te veronderstellen de zucht om, door valsche insinuaties, Multatuli na zijn dood in diskrediet te brengen bij het publiek, is een mistasting, te dwaas dan dat er iets aantrekkelijks in hare naïeveteit zoude kunnen gevonden worden. De heer Swart meende het werkelijk zoo goed mogelijk. Van zijn standpunt is buiten twijfel het schrijven van zijn opstel een daad van piëteit geweest. Immers het publiek, waarvoor het opstel bestemd was, bezat, vóór het verschijnen van de explikatieve bladzijden des heeren Swart, een oordeel over Multatuli, dat samengevat kan worden in deze woorden: „Multatuli was een rare vent; hij had wel talent, zeker, aanleg genoeg, maar hij was gek van duivelachtigen hoogmoed, en een losbol, en een verkwister, eigenlijk door en door een slecht mensch. Hoe gemeen heeft hij zijn vrouw niet behandeld! enz., enz." Den heer Swart nu, als verwant van Dekker en hem zoo goed doorziende, verdroot dat oordeel. Neen, Dekker was niet slecht, de heer Swart wist wel beter. En de edelste daad, de uitnemendste dienst, dien hij nu meende te kunnen doen aan de nagedachtenis van zijn oom, was: het gevoel van afkeer bij het publiek, dat hij wilde bereiken, plaats te laten maken voor een in zijn schatting rechtvaardiger gevoel, een gevoel, dat meer elementen van genegenheid bevat: dat van medelijden. „Dekker was niet slecht, Dekker was ziek," dús de heer Swart. En hij is geslaagd in zijn pogen, zooals hierboven reeds opgemerkt werd. Men kan er zich van overtuigd houden, dat de heer Swart door dat ééne opstel een geheelen ommekeer heeft te weeg gebracht in die publieke opinie, welke hij wenschte te veranderen. De afkeer is vervangen door medelijden. En nu is het oordeel der bekeerden dus te resumeeren in woorden als: „Multatuli heeft zich dikwijls hoogst afkeurenswaardig gedragen. Maar je kunt 't hem niet kwalijk nemen, je kunt 't hem in 't geheel niet aanrekenen, want hij was niet verantwoordelijk voor zijn doen, kassian, hij was ziek, het was een zieke."

Er is een gezegde van Balzac, dat hier uitermate van toepassing kan zijn, om de verwoedheid te verklaren, bij een ander publiek door Swart's opstel gaande gemaakt, juist omdat het een pleidooi in de hier aangewezen richting was, een publiek, dat in den pennestrijd door het vlugschrift des heeren Top vertegenwoordigd is geweest, het publiek der Multatulianen, der menschen van Multatuli-sans-phrase, van Multatuli-und-kein-Ende. Dit gezegde luidt: „Le sentiment que l'homme supporte le plus difficilement, est celui de la pitié". Hiermede roeren wij de kern van het vraagstuk aan. Indien medelijden het gevoel is, waarvan ieder voor zich het minst gaarne het voorwerp is, dan zullen natuurlijk de Multatulianen met dubbelen afschuw dat gevoel verwerpen, indien het hun als het meest passende jegens den held hunner vereering wordt aangewezen. Afkeer, haat tegen den schrijver naar hun hart zal hen niet zoo pijnlijk aandoen, wijl zij daartegenover hunne bewondering en liefde kunnen stellen, als gelijksoortige hoewel tegenovergestelde grootheden. Maar hunne bewondering en liefde zal belachelijk, zal zelf medelijden-wekkend worden, indien er aan den anderen kant slechts medelijden wordt gevonden. Want dan is de overweging hunner vijanden, waarmede deze zich hunne bewondering verklaren, niet, dat de bewonderaars verkeerde inzichten hebben en daarom het slechte prijzen, maar alleen, dat zij dwaas en onwetend zijn en daarom het medelijden-wekkende vereeren. Als iemand zich boos maakt en in een twistgesprek u de hevigste verwijten naar het hoofd werpt, zult ge u in uw eigen boosheid kunnen staande houden en hem met dezelfde munt betalen. Maar als iemand tegenover uw drift zich bepaalt tot een glimlachen en een schouderophalen, zijt ge zoo goed als uitgepraat, en vernederd, hoezeer het gelijk ook aan uw zijde mocht wezen. En dit is de reden geweest van de verbittering der Multatulianen.

De heer Top is de vertegenwoordiger van deze minderheid onder het publiek. Haar waardeering van Multatuli kan, naast de zoo even op dezelfde wijze onder woorden gebrachte der meerderheid, samengevat worden in deze gemeenzame termen: „Multatuli is een genie, een groot genie, enkele zijner private levensdaden worden ten onrechte gegispt, want deels waren die edel inplaats van slecht, deels waren zij wel een beetje vreemd, maar hoegenaamd niet laakbaar in een zóó groot man."

Zooals blijkt uit deze woorden kent de vereering van Multatuli's persoon en werk bij deze aanhangers geen grenzen. Zij worden vooral gevonden onder de leden van het Middelbaar, meer nog onder die van het Lager Onderwijs. Het verschijnsel dezer absolute vereering moet verklaard worden uit den ontwikkelingstoestand der vereerders. Het zijn meest personen, die wel eene ernstige, doch geenszins eene eenigermate universeele letterkundige opleiding hebben ontvangen, noch van anderen noch van hun zelf. Het zijn menschen die, of menschen wier vaders, in de eerste jaren van Multatuli's optreden omstreeks twintig levensjaren telden, die daarbij vage omwentelingsgezinde staat- en letterkundige gevoelens koesterden, die gevoelden dat hun vaderland noch in de politiek noch in de letterkunde tot grootheid werd gevoerd en die daardoor wrevelig waren gestemd. Multatuli verscheen als de groote revolutionair, en, daar zij niet voor zichzelf hun idealen hadden geprecizeerd, daar zij zich tevens van het woord „genie" geen nauwkeurige definitie bewust waren, werd, tengevolge van het opmerkelijke kontrast tusschen Multatuli's opbruisenden hartstocht en de gewone vaderlandsche sleur, die zij tot dan toe alleenheerschend om hen heen hadden gezien, Multatuli voor hen het Nederlandsche genie bij uitnemendheid, aan wien alleen de gelegenheid ontbroken heeft om zijn vaderland tot de eerste staatkundige natie der wereld te maken, maar die nu, als schadeloosstelling dáarvoor, door zijne geschriften de letterkunde van die natie schitterend reformeerde.

Velen dachten over allerlei groote onderwerpen: over den godsdienst, over de kunst, over de taal, over de politiek, zooals Multatuli bleek daarover te denken. Maar niemand, die het zeggen dorst, niemand vooral, die het zóó zeggen kon, — hoeveel reden was er dus om Multatuli's verschijnen met geestdrift te begroeten, die al deze gedachten luid, zoo luid mogelijk, uitbazuinde, en dat in de prachtige klanken, zijner onkunstmatige, zijner spontane natuurtaal.

Tusschen het durven uiten van meeningen over allerlei verschijnselen, waar de meeste menschen liever niet zoo maar voor uitkomen en — een „genie" te zijn, is echter de afstand even groot als tusschen: het uit konventie-kluisters bevrijden eener taal, die juist in een tijdperk van verval en verstijving verkeerde, en

— een letterkundig kunstwerk van den eersten rang scheppen.

Het is deze overweging, die de boven aangestipte derde strooming in de publieke opinie beheerscht. Tusschen den door medelijden gevolgden afkeer en verbazing van het deftige publiek en de vergoding der minder ontwikkelden heeft zij het middenpad gekozen. In de schatting harer leiders moet ni cet excès d'honneur ni cette indignité het deel zijn van Multatuli's reputatie. Is hij een groot man, dan is hij dat vooral in het negatieve, dan is hij 't omdat hij veel hinderlijks heeft weggeruimd en ruim baan gemaakt voor de werken der toekomst.

In den strijd tegen de waardeeringen van den heer Swart hebben de dwepende Multatulianen en de meer matige bewonderaars een punt van overeenkomst gevonden. De heer Van Deventer, dit onderwerp behandelende in De Wetenschappelijke Bladen, heeft met bijzondere juistheid het punt van overeenkomst aangewezen, waar beide partijen elkaâr ontmoeten om tegenover den heer Swart post te vatten. Het is de afkeuring van het feit, dat de heer Swart Multatuli's talent als eene bijzaak beschouwt. Terecht noemt de heer Van Deventer dit: „de kern van het geding."

De heer Swart zegt dat de stapel Ideeën-bundels van Multatuli daar ligt als ééne doorloopende ziekte-geschiedenis. Hij citeert den romanschrijver J. van Lennep als het toonbeeld eener persoonlijkheid, in wie de gaven van geest en verbeelding in het schoonste evenwicht verkeerden met, en dus binnen de klassieke grenzen gehouden werden, door, die van het gezond verstand. Als er iemand is, zegt de heer Swart, die bewezen heeft dat deze twee uiteenloopende vermogens in één mensch kunnen samengaan om de gewenschte harmonie in het leven te roepen, dan is het „onze" Van Lennep. De romanschrijver Van Lennep wordt hier dus gebruikt als voorbeeld van een schrijver, in wiens werken iets als eene Grieksche vereeniging van hartstocht en kalmte wordt aangetroffen. Het is duidelijk, dat de heer Swart dus bedoelt: was Multatuli maar niet zenuwziek, maar niet zoo gedésequilibreerd geweest, dan zou zijn talent groot genoeg geweest zijn om van hem te maken den auteur van geschriften, bijna even voortreffelijk als die van Van Lennep.

Uit dit gevoelen van den heer Swart blijkt in de eerste plaats gemis aan inzicht in de letterkunde, gemis aan waardeeringsvermogen van letterkundige voortbrengselen, en, als gevolg hiervan, in de tweede plaats, eene waardeering van het verschijnsel „talent" in 't algemeen, die dit wèl als een zeer goede eigenschap beschouwt, die een in àlle opzichten voortreffelijk mensch mooi staat en goed te pas komt, maar die geenszins het „talent" verreweg de eerste, de hoogste der menschelijke eigenschappen acht, waarbij vergeleken alle overige van uiterst luttel belang worden, — een meening, die juist alle beweringen der beide Multatuli verdedigende partijen heeft geïnspireerd.

Om ook dus het standpunt der derde partij met eenige weinige woorden als résumé te kenschetsen, kan men zich haar denken zeggende: „In tegenstelling tot de meeste zijner de pen voerende tijd- en landgenooten, was Multatuli een bijzonder talentvol man, wiens ongeordende voortbrengselen verre in waarde uitmunten boven de meer regelmatige van b. v. Mr. J. van Lennep, welke laatste volstrekt van alle genialiteit verstoken waren en in de schatting der ontwikkelde lezers hun auteur ter nauwernood hebben overleefd. Multatuli, zonder eenige voorbereiding of letterkundige oefening en alleen op zijne niet te kontroleeren intuïtie afgaande, plotseling het schoonste Hollandsche letterkundig werk der eeuw voortbrengend, was, in de zuivere beteekenis van het woord, een **geniaal** mensch, en van geniaal mensch en schrijver zou hij het wellicht tot „genie", of liever tot auteur van den eersten rang (artistiek of philosophisch) gebracht hebben, indien de omstandigheden gunstiger en zijn gestel en karakter beter verzorgd en geéquilibreerd waren geweest."

Ziedaar dus den tegenwoordigen toestand van Multatuli's reputatie. Zij heeft bijna geen geschiedenis, daar zij zich, in de dertig jaar sinds hare wording verloopen, bijna niet gewijzigd heeft. Alleen de derde partij, die der matige bewondering, bestaat pas sinds tien jaar. Vooreerst zal er waarschijnlijk geene wijziging in den toestand der reputatie komen, tot eindelijk, als het geslacht dat gelijk met Multatuli geleefd heeft en het eerste daaropvolgende zal zijn gestorven en Multatuli's naam in alle opzichten alleen een historische naam zal zijn geworden, de waardeering der derde partij als de algemeen geldende zal overgebleven zijn, om dat, tegenover het buitensporige der uiterste rechterzijde en der uiterste linkerzijde, zij alleen op den duur zal blijken te zijn: degelijk en waar.

II

LETTERKUNDIGE BETEEKENIS VAN MULTATULI EN ZIJN WERK.

Zoo als in het vorige hoofdstukje werd aangegeven, meenen wij het woord „geniaal" te mogen gebruiken in den zin van: intuïtief in kunst, wetenschap, wijsbegeerte en letterkunde, spontaan en helderziend in de hooge zaken van den geest. Geniaal is hij, die plotseling, zonder dat hij 't zelf eigenlijk goed weet, doet datgene, wat anderen slechts bereiken na lange jaren van oefening en voorbereiding, vooral indien hij 't dan zelfs nog beter doet dan die anderen het kunnen.

Hechten wij deze beteekenis aan het woord, dan is Multatuli een geniaal man geweest bij uitnemendheid. Niet alleen dat hij nooit zijn best heeft gedaan om letterkundige te worden, niet alleen dat hij zelf steeds is blijven beweren geen letterkundige te zijn, maar hij kwam tot het voortbrengen van letterkundige zaken geheel en al zonder dat hij 't wist, geheel en al als 't ware buiten zichzelf om. Hij was een ambtenaar, die meende verongelijkt te zijn; na vruchteloos alle andere, meer gewone, middelen aangewend te hebben om in zijn recht hersteld te worden, nam hij nu een middel te baat, dat hem het uiterste, het eenig overblijvende, en ook ten slotte het meest afdoende, toescheen; hij wenschte namelijk zijn zaak te brengen voor de rechtbank der openbare meening. Hij nam dus de pen ter hand, om: iets te beweren, om: een pleidooi te houden; — en ziet, toevallig, van-zelf, tegen zijn bedoeling in, schreef zijne pen, door zijne koude vingers op het Brusselsche zolderkamertje bestuurd, een fraai letterkundig kunstwerk, een gedicht in proza, vol onstuimige kunstelementen van hartstochtelijke welsprekendheid, het beste Nederlandsche belletristische werk van die jaren.

Van zijne genialiteit is Multatuli zich bewust geweest, althans na dat hij Max Havelaar had voltooid. Na de lezing der verschenen Brieven, is de veronderstelling niet gewaagd, dat gedurende het in schrift stellen van Max Havelaar de bewust-wording der genialiteit in Multatuli's binnenste plaats greep. Aandoenlijke bladzijden, merkwaardige gegevens voor de letterkundige zielkunde tevens, zijn de over zijn boek handelende passages in de brieven, die hij, tijdens het opstellen van Max Havelaar, van Brussel uit aan zijn vrouw schreef. Men neemt er zooveel als de ontroering in waar, die hem zelf vervulde, bij de dagelijksche verrassingen, die het ontdekken van de verborgen schat van zijn talent in zijne ziel hem bereidde. Eerst een enkele regel over zijn Eerlooze (De Bruid daarboven). Deze is nog koel, maar de zelf-ontdekking begint: „Ik heb idee dat ik daarvan iets maak, en als ik slaag, schrijf ik meer" (Brieven, 1859, bl. 57). Dit was in 't begin van September 1859. Een paar weken later was Multatuli reeds aan Max Havelaar begonnen te werken. Hij had zijn Eerlooze aan een schouwburg-bestuur gezonden en hoopte nu, om zelf moed te hebben om met schrijven door te gaan, dat de heeren zijn werk zouden goedkeuren. Zie hier wat hij, ongeveer 20 Sept., er over schrijft:

„Ik had te meer het antwoord [1] gaarne gehad omdat dit een goeden invloed hebben zou op mijn werk. Ik ben namelijk sedert vele dagen bezig met het schrijven van een ding

[1] Op zijne aanbieding van den Eerlooze.

dat misschien wel drie deelen groot wordt. Nu is het zonderling zooals ik bij dat werk telkens verander van opinie over het zelve. Ik heb oogenblikken dat ik er mee tevreden ben en dan weer komt het mij voor als om te verscheuren. Ik gis een 100 pagina's druk klaar te hebben. Als nu dat van de Eerlooze gedurende dien tijd marcheerde, zou mij dat wat moed geven. Ik heb den titel van dat stuk veranderd, het heet nu: De Bruid daarboven! Ik heb het netjes overgeschreven en laten inbinden, en nu ligt het daar. Is dat niet verdrietig? Zoo gaat het kassian met alles, hoe ik mij ook uitsloof.

Als ik het werk waar ik nu mee bezig ben ten einde brengen kan, zou de mogelijkheid om er een uitgever voor te vinden, zeker veel afhangen van de réussite van den Eerlooze. Als dat een beetje opgang maakte zou men er eerder toe overgaan iets te drukken, dan als de naam des schrijvers geheel onbekend is.

Ik ben dikwijls mismoedig, en heb buyen dat ik niets kan voortbrengen. Ik schrijf zoo weinig omdat ik niets te schrijven heb, en mijne vingers zijn moe; ik heb er de kramp in. Het is maar jammer dat ik zelf niet weet of mijn werk wat waarde heeft. Het komt me telkens zoo onbeduidend voor, en dan weer niet."

Elders: (28 Sept. 1859) heet het, na dat hij van de Vrijmetselaars, Broeders van 't Rozekruis, door wier bemiddeling hij zijn Bruid daarboven! op het tooneel wilde beproeven te brengen, o. a. vernomen had, dat tooneel-besturen zich reeds royaal toonden indien zij een stuk met vijf-en-twintig gulden betaalden, ook in een brief aan zijne vrouw:

„.... ik wil mijn naam niet op de affiches hebben, want daar men in Holland, dom genoeg, dikwijls een vooroordeel heeft tegen menschen die frivole dingen schrijven, en ik misschien later weêr in betrekking komen zal, daarom wil ik onder een anderen naam gedrukt of gespeeld worden. Ik noem mij Multatuli, dat is: ik heb veel gedragen. (Deze mededeeling is niet onbelangrijk, daar het ontstaan van den pseudoniem er in verklaard wordt.) Welnu, als nu mijn stuk gespeeld wordt,..... hoop ik, niet lang daarna klaar te zijn met mijn boek en als dit dan met den naam Multatuli in de wereld komt, die als mijn stuk een beetje lukt, gauw in de gedachten komt, omdat hij zoo vreemd en toch welluidend klinkt, dan moet dat op mijn boek doen letten. En dat boek, beste Tine, moet ons er boven op helpen. God geef radikaal. Want al is dan de letterkunde nog zoo schraal beloond in Holland, ik hoop dat men voor men boek een uitzondering maken zal, omdat het boek zelve eene uitzondering wezen zal.

Ik heb u reeds gezegd dat ik zoo dikwijls verander van stemming daarover, maar sedert den laatsten tijd ben ik er weer zeer mee ingenomen. Ik kan niet zeggen dat ik hard voortga, maar ik ben daarover niet zoo verdrietig als gij zoudt meenen, omdat dikwijls als ik niet kan werken (eerst de kou en nu, na de warmte, weegluizen die mij 's nachts beletten te rusten en dan ben ik 's morgens zoo heet van huid en niet dispos) omdat die bezwaren niet van mijn geest komen, waarvoor ik toen ik aanving bang was........

Ik ben zeker dat men in recensiën er stukken uit overschrijven zal. En dat men zeggen zal: Wie is die MULTATULI?..."

De zelf-ontdekking, het langzaam bewust-worden der genialiteit, komt ook fraai uit in regels als deze. Uitvoerige aanhalingen zijn hier voorzeker niet ongepast, daar het de teederste en edelste gemoedsbewegingen geldt, die zich in eene menschenziel kunnen voordoen:

„Ik durf na wat ik zelf weet van Holland en wat Van Hasselt schrijft, toch beweren dat men mijn boek betalen zal, want ik zal de lezers aangrijpen zooals ze nooit aangegrepen zijn. Zeg daarvan niets, (Hoe lief naïef, deze laatste woorden) want men noemt dat malle verwaandheid.... maar ik heb een proef op mijn werk. Als ik niet gestoord word door uiterlijke dingen, schrijf ik zoo gauw dat ik over twee dagen er niets meer van weet. Dan lees ik hard op, en als iets vreemds, wat ik voor weinig tijds maakte, welnu, dat komt mij dikwijls heel goed voor.

Nu vraag je wat ik schrijf. Lieve engel 't is zoo'n raar boek. Voor ik begon liep ik verdrietig rond en bedacht of ik over onze positie en het infame gouvernement aan den koning zou schrijven..... ik merk onder het schrijven dat ik stof in mijn hoofd heb voor vele boekdeelen....

.... Jij komt ook in mijn boek, ik heb je juist gisteravond een ondeugende streek laten uitvoeren, hoor beste lieve Tine, mijn Tine, je bent mijn lieve hart. Och, ik las je zoo graag wat voor. Ik geloof waarachtig dat er veel geest in is. Het is vroolijk, koddig, men zal hoop ik lachen, en dan stuit men op eens op een passage die zeer ernstig is....

„.... Ik kan niet goed in weinig woorden uitleggen wat het is. Het gelijkt naar geen ander boek...."

„.... Is dat dan niet een gek boek? Ik heb buyen, dat ik mijn werk afkeur, maar de slotsom is dat het heel goed is. Middelweg is er niet."

Zoo gaat de schrijver nog lang voort, telkens herhalend, dat het zoo'n vreemd boek is, dat hij er zijne vrouw zoo graag iets uit voorlezen zou, of aan haar het afschrift van een hoofdstuk zenden, als de port maar niet zoo hoog was.

„.... Och, ik wou je zoo graag de aanspraak voorlezen van een nieuw Assistent-Resident die zijne betrekking aanvaardt. Hij heet Max Havelaar (dat ben ik)."

„..... Ik vind die passage zoo mooi. Ik heb er zelf bij geschreid. Maar er liggen vele tranen op mijn handschrift....."

„... Ja, ik moet schrijver zijn, ik heb wel honderd boeken in mijn hoofd" (Dit alles in de Brieven, 1859, blz. 60—103 vv.).

Toen Multatuli zich zijner genialiteit volkomen bewust was, heeft hij zich aan die wetenschap, aan die gevoelswetenschap vastgeklampt als aan het groote vermogen, dat hem zeker en stellig ééns, als hij in 't leven bleef, wanneer dan ook, tot den hoogen roem, en als gevolg daarvan tot de hooge positie moest brengen, die hij nooit, vóor zijn definitief vertrek naar Duitschland althans, gewanhoopt heeft te zullen bereiken. Aanhoudend zal hij nu in 't vervolg, in 't openbaar, van zijn genie-zijn (dat hij verwarde met genialiteit) spreken, zich daarop, en terecht, beroemen, en die genialiteit in zijn binnenste als 't ware aankweeken en verzorgen als een kostbare plant.

Men herinnert zich, uit zijn werk, het bezoek aan de Japanners, waar hij zich aandiende als zijnde een „genie." Op verschillende plaatsen in de Brieven komt voor, dat hij zijne vrouw mededeelt, haar geen uitvoerigen brief te kunnen schrijven, omdat hij zich dan te veel „epancheert," omdat hij dan „leêg" raakt, hetgeen nadeelig is voor „geest, poëzie en alles." Later, te Amsterdam wonende (Brieven, 2ᵉ dl., 1860) noemt hij datzelfde als de reden, waarom zijn vrouw maar niet vooreerst nog met hem moet komen samenwonen. Dit zou nadeelig zijn voor zijn werk, daar hij dan tot háar alles zou zeggen, wat hij beter deed met op te schrijven voor zijne uitgaven. Hij verpleegde dus zijne genialiteit wèl als eene zorgzame moeder haar eenig en nukkig kindje.

Een, voor zijne letterkundige ontwikkeling bedenkelijker maatregel, dien hij met het oog op het zelfde doel toepaste, bestond in zijne bekende onthouding van lektuur, ten einde zijn oorspronkelijkheid niet te verliezen, zoo als hij het ongeveer uitdrukt.

Deze maatregel was dáarom zoo bedenkelijk, om dat die onthouding hem het eenige middel uit de hand nam, waarmede hij zijn oorspronkelijkheid zoude hebben kunnen kontroleeren. Hij dacht zoo: ik ben nu geniaal, ik heb nu eenmaal alles uit mij zelf, als ik dus nu maar voortdurend de gedachten en sentimenten noteer, die in mij opwellen als in hun oorsprong-bron, dan zal ik van zelf ook noodzakelijk origineel blijven. Naar het ons voorkomt, vergiste Multatuli zich met dit gevoelen. Want niet alleen had hij dan toch vroeger veel gelezen, en las hij, zij 't ook zeer fragmentarisch, in boeken, in tijdschriften, in kranten, in brieven zelfs, allerlei zaken, waaruit de geest van zijn tijd hem moest blijken (een negentiende-eeuwer, die absoluut zich van lektuur zou spenen is schier ondenkbaar, de lektuur is zijn dagelijksch voedsel geworden, hij leeft er half van); maar ook, heeft er, door wat men hoort, door wat men ziet, door de onophoudelijke aanraking met menschen en dingen een nimmer onderbroken opneming van de tijdziel in ons plaats, iets als een inzuiging door de poriën des geestes van den tijd, waarin wij leven, aan welken invloed ook de sterkste mensch zich niet kan onttrekken. En dit eenmaal gegeven zijnde, wordt het gevaar duidelijk, dat degene loopt, die zich door zoo min mogelijk lektuur te onderhouden, voor den invloed van buiten wil bewaren.

Want terwijl hij, door zoo veel mogelijk kennis te nemen van de geestes-voortbrengselen zijner tijdgenooten, elke gedachte, elk gevoel, dat in hem opkomt, kan toetsen aan de reeds bestaande en volkomen uitgedrukte gedachten en sentimenten, om die te verwerpen, welke slechts kopieën blijken te zijn en alleen die te aanvaarden en te bewaren, wier nieuwheid zeker zal wezen; zal hij noodlottigerwijze, in het tegenovergestelde geval, als hij de kiem eener wijsgeerige gedachtenreeks of van poëtische samenstelling in zich waarneemt, hetzij die kiem zonder onmiddellijk aanwijsbare oorzaak in hem zelf geworden is, hetzij met zijn weten van buiten af tot hem is gekomen, zich aan den arbeid zetten om uit de kiem zich het werk te doen ontwikkelen, wat er uit groeien moet, niet wetend, dat een dergelijke ontwikkeling reeds in hoofd en hart van een ander schrijver heeft plaats gegrepen, en dat zijn arbeid dus, z o n d e r   d a t   h ij ' t   z e l f   g i s s e n   k a n , niet geheel oorspronkelijk zal zijn.

Indien men dit goed in 't oog houdt, zal men ontwaren, dat, in de geschiedenis der letterkunde (letterkunde in den zin van kollectieve benaming voor wijsbegeerte en kunst genomen) deze twee typen van schrijvers scherp tegenover elkander uitkomen: de bewust origineelen en de onbewust onorigineelen. Multatuli meende, dat als hij er zich maar voor hoedde te behooren tot de bewust onorigineelen, hij van zelf tot de origineelen gerekend zou kunnen worden, terwijl het denkbeeld van het bestaan der bewust- (d. i.: ten gevolge van lektuur en kontrôle) origineelen en de onbewust- (d. i.: door gemis aan lektuur en kontrôle) onorigineelen niet bij hem is opgekomen.

Naar onze meening, die wellicht eenigszins gewaagd kan heeten, moet Multatuli, wat de algemeene wijze van voorstelling in zijne letterkundige en den inhoud zijner wijsgeerige voortbrengselen aangaat, tot de onbewust onorigineele schrijvers geacht worden te behooren.

Het is niet wel mogelijk dit gevoelen nader toe te lichten zonder voor een oogenblik het onderwerp der letterkundige scholen te behandelen.

In 't algemeen schijnt men er veel gemakkelijker toe te komen het bestaan van schilderscholen, dan het bestaan van letterkundige scholen te erkennen. Het ligt niet in de bedoeling thans de oorzaak van dat verschijnsel na te sporen. Genoeg zij het het verschijnsel te konstateeren, bestatigen, zoo als de Vlamingen zeggen. Met de grootste gemeenzaamheid spreekt men van de Hollandsche zeventiende-eeuwsche schilderschool, van de schilderschool der Italiaansche Renaissance, van de Spaansche schilderschool, van de verschillende negentiende-eeuwsche Fransche schilderscholen, de akademische van David, de romantische van Delacroix, de naturalistische van Millet, de impressionistische van Manet, verder van de Duitsche, de Belgische en de Hollandsche negentiende-eeuwsche schilderschool.

Maar van letterkunde-scholen, daarvan wil men niet zoo spoedig weten. Nu is het waar, dat de schilders-ateliers, zoo als men die in de groote centra der beschaving kent, het idee van school meer plastisch verwezenlijken en de verbreiding er van dus in de hand werken. Zeker, de leerlingen zitten daar in grooten getale ter neder, schilderend of teekenend naar het model, en de meester gaat rond, toeziende, om zijn goed- en afkeuringen uit te deelen.

Op deze wijze, zeer zeker, bestaan er geen letterkundige scholen. Er wordt geen lokaal gebouwd, er worden geene banken getimmerd, er is geen zwart bord en geen krijt, er zijn geen oorvegen-uitdeelende meester en vingers-opstekende leerlingen vergaderd. Het woord school, als men het ter gemeenschappelijke aanduiding van auteurs-groepen bezigt, wordt niet aanschouwelijk gemaakt door het voorbeeld van een Fröbel-school of een R. H. B. school.

Ook bestaat er, bij den aanvang van elke nieuwe literatuur-periode, geen school. De „school" is een voorstelling, is de naam eener rubriceering, die de kritici, de letterkundige geschiedschrijvers, later in 't leven roepen, om hun taak te vergemakkelijken, hun overzichten van de gebeurtenissen der tijden te vereenvoudigen. En er schijnt werkelijk niet de minste reden te bestaan om eerder van schilderscholen, van philosophische scholen, van geneeskundige en andere wetenschappelijke scholen te spreken, en alleen niet van letterkunde-scholen. De school van Shakespeare, de school van Diderot, de school van Baudelaire, — waarom niet?

Multatuli was, zoo als men weet, — en dit staat in zeer eigenaardig verband met zijne opvatting der genialiteit en de gedragslijn, die de bezitter dier zeldzame gave ten haren opzichte te volgen had, zoo als wij die boven poogden te schetsen — een vijand van scholen, letterkundige of wijsgeerige, vooral ook theologische, welke laatste hij wel eens met de beide voorgaande verwarde. Hij stond buiten alle scholen, beweerde hij steeds, ja en bóven alle scholen, dacht hij zelf daar in stilte bij (wellicht heeft hij 't wel eens uitgesproken tevens) en verkondigden zijn vergoders luide. Deze meening moet o. i. verworpen worden. Zij kan onmogelijk worden volgehouden tegenover de duidelijk sprekende trekken, die zijn werk vertoont, en die hem op onloochenbare wijze zijn plaats in de literatuurgeschiedenis aanwijzen. Het in de historie éénige feit, dat een schrijver tot geene school zou behooren, en tevens geene school heeft gesticht, kan niet geacht worden zich hier te hebben voorgedaan. Want indien beweerd wordt, dat Multatuli's werk tot zekere school behoort, zouden de personen, die hem eene matelooze vereering toedragen, dit wel willen bevestigen, door te zeggen: ongetwijfeld, ge hebt gelijk, Multatuli's werk behoort tot —

want het heeft den oorsprong gevormd van, — de school van Multatuli. Jawel, begrepen, maar zoo is de bedoeling niet. De produkten der weinige navolgers, wier werk eenige grove verwantschap met dat van Multatuli vertoont, zijn, — hierover bestaat geen verschil van opinie — dermate onbeteekenend, dat hun bestaan niet de moeite waard is om erkend te worden.

Neen, Multatuli's werken behooren, al naar de verscheidenheid van hun aard, tot verschillende letterkundige-scholen, waarvan de meesters, of, zoo men wil, de voornaamste vertegenwoordigers, niet moeilijk te noemen zijn.

Het is hier niet de plaats om in veel details van vergelijking te komen, noch om door een abstrakt theoretisch en te algemeen kritisch vertoog deze bewering uitvoerig te staven, daar het alleen te doen is om eene omschrijving van Multatuli's genialiteit, in verband met zijne beteekenis voor de letterkunde.

Wij willen evenwel eenige voorbeelden noemen. Woutertje Pieterse is een der beste voortbrengselen van Multatuli's pen. Er worden zelfs vele lezers gevonden, die Woutertje Pieterse boven de Camera obscura van Hildebrand verkiezen. Deze novelle wordt geprezen om haar humor en melancholie, om haar treffend juist weergeven van wat er omgaat in een jongensziel. De heer Swart vindt in de betrekking tusschen Woutertje en Jufvrouw Laps aanleiding om Multatuli van een overdreven penchant voor het lubrieke te beschuldigen. Hij vindt dat hieruit een ziekelijke toestand van de sexueele centra in de hersenen des schrijvers blijkt. Bij deze inderdaad geheel onverdedigbare meening willen wij echter niet stil staan. Want, indien men zich aan zulk een oordeel wilde houden, zoude men om dezelfde reden minstens de helft der grootste schrijvers van alle tijden als aan de zelfde ziekte lijdend moeten beschouwen en hunne voornaamste voortbrengselen verwerpen. Wij scharen ons aan de zijde van hen, die, hun oordeel alleen baseerend op overwegingen van zuiver letterkundigen aard, Woutertje Pieterse tot het schilderachtigste en krachtigste, hartigste zouden wij haast zeggen, proza rekenen, dat in deze eeuw in ons land is gemaakt. Doch, bij het uitspreken van lof, is er meer dan éen voorbehoud te maken. Vooreerst paste het wel geheel en al in Multatuli's eigenaardig genre om de novelle als eene causerie in te richten en telkens den draad van het eigenlijke verhaal, het weefsel der voorstelling, af te breken, om zich, naar aanleiding van een in het verhaal voorkomend woord, in beschouwingen van allerlei aard te verdiepen, die met het geval, waarmede de lezer werd bezig gehouden, eigenlijk niets hoegenaamd te maken hadden of ten minste, door op zijn denkvermogen in plaats van op zijn verbeelding te werken, het genot verstoorden, dat hij vond in het zich inleven in den toestand, in het medeleven met het verhaal als ware het een werkelijkheid, waarin hij, de lezer, zelf was geplaatst; vooreerst dus, al paste deze wijze van doen wel in Multatuli's intuïtief stelsel, kunnen wij, noch langs den weg van het gevoel, noch langs dien der redeneering, eene verontschuldiging voor deze arbitraire handelwijze vinden. En ten anderen — hetgeen ons naar ons punt van uitgang terugvoert, — is W o u t e r t j e P i e t e r s e, in weerwil harer betrekkelijke oorspronkelijkheid, in weerwil van het feit, dat de krachtige individualiteit van den schrijver zich hier niet minder onbetuigd laat dan in welk der overige werken ook, waar men die ook openslaat, eene novelle p u r s a n g uit de school van Dickens. Men herinnere zich slechts W o u t e r t j e op het kantoor en W o u t e r t j e in de jodenbuurt, om de manier van Dickens, in al haar schilderachtigheid, haar humour, haar door de aanschouwelijkheid van het proza als 't ware heendringend vrouwelijk' moederlijk gevoel van medelijden met de kleinen, zwakken en hulpbehoevenden onder de menschen, te herkennen.

Multatuli heeft zelf Woutertje Pieterse een „epos" genoemd. Deze bewering mag evenwel niet als een uitspraak van letterkundige kritiek opgevat worden. Multatuli schreef haar zoo maar neder, zonder er verder over na te denken. Hij wilde alleen, door het gebruiken van een groot, aanzienlijk en geleerd woord, te kennen geven, dat Woutertje eene zeer bijzondere en mooie verschijning was in de Vaderlandsche letterkunde. Hierin had hij trouwens het grootste gelijk. Maar een epos, neen, dát is het niet. Woutertje Pieterse is alleen dáarom reeds veeleer het tegenovergestelde van een epos, wijl het geheel den hoogen, onpersoonlijken, sereinen, d. i. kalm-zuiveren stijl mist, die een proza- of dichtstuk tot een epos maakt. Deze novelle derft ook het langzame en zekere in de kompositie, het egale, gelijkmatig, harmonieus samengestelde, dat epische kunst pleegt te kenmerken. Het is een prozawerk met horten en stooten, zeer ongelijk van waarde in de verschillende gedeelten, gemaakt door een schrijver, die er maar op los schreef zonder vooraf een plan of schema te beramen niet alleen, maar ook zonder dat, gelijk b. v. bij George Sand geschiedde, het werk, gedurende het schrijven, tot een geheel vol evenwicht zich vormde.

Ongetwijfeld had Multatuli van Dickens, van wiens werken de geheele Europeesche en Amerikaansche atmosfeer toenmaals was gesatureerd, veel gelezen en voegde zich bij de leerlingen van den grooten Engelschman zonder daar zelf iets van te vermoeden, want zoowel uit zijn eigen intieme uitlatingen daaromtrent in de Brieven, als uit zijn buitensporige zelfverheffing in zijn voor het publiek bestemd werk, blijkt, dat hij een critischen blik op zijn eigen arbeid in 't geheel niet bezat.

De Multatulianen, voor zoover die van dit opstel kennis mochten nemen, zullen wellicht beweren (in welke bewering het niet bepaald onmogelijk is, dat zij het volste gelijk hebben): Multatuli heeft juist nooit iets van Dickens gelezen. Dit is een bekend antwoord van vrienden van groote schrijvers, die rangschikking van het voorwerp hunner vereering in eene letterkundige school als eene mishandeling, of verkleining ten minste, van hun vereerde beschouwen. Wij zijn echter gevrijwaard voor het treffen van zulk eene bewering, door onze, eenige bladzijden vroeger uiteengezette, theorie omtrent de onbewuste onoorspronkelijkheid.

Behoort Woutertje Pieterse, en in 't algemeen al het realistische novellistische proza van Multatuli, al de proza waarin hij beschrijvend optreedt, tot de Engelsche school, zonder dat er eenigen Franschen invloed in is te bespeuren, — in zijn poëtische, lyrische stukken, hetzij in prozavorm, hetzij in versmaat, worden sprekende trekken van verwantschap aan de Duitsche letterkunde waargenomen. Saidjah's minnelied, Het gebed van den onwetende zijn uit de Duitsche school, waarin Heine de eerste plaats bekleedt. Het is dezelfde weemoed, het is dezelfde gevoels-twijfel (in tegenstelling tot wijsgeerigen twijfel) aan „God", aan het „bestaan van een God", die de Germaansche poëzie en de Germaansche muziek van vóór de Wagner-periode, in onvergelijkelijk schoone beelden en geluiden over de wereld heeft uitgestort.

Over de onoorspronkelijkheid van Multatuli's anti-theologische denkbeelden behoeft niet uitgeweid te worden. Het voegt niet, ons op deze plaats in vraagstukken van godsdienstleer en wijsbegeerte te verdiepen, en dat Multatuli in dit opzicht aan de wereld een nieuw stelsel zou hebben geschonken zal trouwens door geen serieus mensch worden volgehouden. Voltaire, Strauss, Renan, in deze namen koncentreert zich de historische anti-theologie der laatste anderhalve eeuw en Multatuli's onuitwischbare verdienste zal het blijven deze polemiek uiterst talentvol in Nederland te hebben gelokaliseerd.

Nu wij getracht hebben de bewering, dat Multatuli wat „de algemeene wijze van voorstelling in zijne letterkundige en den inhoud zijner wijsgeerige voortbrengselen" aangaat, niet bij de schrijvers geschikt moet worden, in wier persoonlijkheid eene letterkunde of wijsbegeerte haar oorsprong of kulminatiepunt vindt, door eenig betoog te rechtvaardigen, rijst de vraag ter beantwoording: waarin dan wèl Multatuli's originaliteit en dus zijne hooge verdienste en bijzondere beteekenis voor de letterkunde gelegen is.

Het antwoord kan niet twijfelachtig zijn: het begrip van het individualisme van den letterkundigen kunstenaar als zoodanig heeft Multatuli in de Nederlandsche letterkunde gebracht, en de praktijk van dat begrip door niets minder of meer te doen dan onze taal te hervormen, eene ziel te brengen in onze taal en in onze letterkunde, die, ook door mannen als Busken Huet voor ten doode gedoemd werd gehouden, onmachtig als zelfs Huet was haar een nieuw leven te geven.

Naar onze meening zoude men zich Multatuli's eerstgenoemde verdienste, het essentiëele onderscheid tusschen hem en zijne de pen voerende tijdgenooten, en daarom tevens zijne essentiëele grootheid, als volgt kunnen voorstellen. De andere schrijvers, de gewone schrijvers, die vóór Multatuli's optreden en tijdens zijne geruchtmakende prouesses aan het woord waren geweest en aan het woord waren, vroegen zich, toen zij de neiging in zich gevoeld hadden om letterkundigen te worden en toen de tijd dáar was om aan die neiging gehoor te geven, àf: hoe moet ik nu doen? op welke wijze is het gebruikelijk letterkundige te zijn, hoe treedt m e n in 't algemeen op, hoe denkt m e n, hoe spreekt m e n, hoe schrijft m e n? hoe wil het vak het? op wat voor manier pleegt het vak der letterkunde beoefend te worden? Deze menschen beschouwden de letterkunde als eene soort hofhouding, waarvan zij de manieren en de étiquette moeten kennen, om er zich behoorlijk te gedragen, anderen, van minder allooi, beschouwden haar meer als eene boerenkolonie, waarvan *zij* de gebruiken en den tongval moesten leeren alvorens zich er gepast te kunnen voordoen. Niet alzoo Multatuli. Deze voelde zich een koning in eigen ziel en de etiquette, regelrecht door die gebiedende ziel voorgeschreven, was de eenige, die hij als wettig erkende: naar háre voorschriften moest hij zich gedragen, naar háre stem alleen luisteren. Zijn tongval regelde zich naar zijn harteslag, en de eenige gebruiken, die zijn pen als eerbiedwaardig had na te komen, waren de vorstelijke luimen zijner fantasie, en de aanbiddelijke grillen zijner gemoedsstemmingen.

Hij vroeg niet naar wat m e n deed, hoe m e n dacht, hoe m e n sprak, hoe m e n schreef, hoe m e n handelde. Hij schreef zooals hij sprak, hij sprak zooals hij dacht, en hij dacht steeds hartstochtelijk. Zijne ziel noch zijne taal kon hij kanaliseeren volgens de overgeleverde stelregelen, zooals de kalme wateren van anderer ziel en taal dat zoo gemakkelijk en bereidwillig konden. Hij nám geen voorzorgen, hij nám daarvoor geen maatregelen, maar al had hij ze genomen, ze zouden vruchteloos gebleven zijn tegen den machtigen drang der ontembare ziel, die als een breede snel vlietende stroom nú, en dán weder als een neerdonderende waterval, zich baanbrak door de wetten en konventiën van de maatschappij zoo wel als van de orthographie, de grammatica en de syntaxis, vergruizelend en verder in zijn vaart meevoerende wat waagde hem te weerstaan of hem onwillekeurig in den weg stond.

Een der beste bladzijden van Multatuli is zijn vermaarde beschrijving — een gedicht in proza — van de overstrooming van den Indischen bergvliet, die, ten bate der slachtoffers van die ramp, als vlugschrift afzonderlijk bij Nijgh te Rotterdam uitgegeven, hoewel slechts éen vel druks beslaande, in enkele weken in zoo groot aantal exemplaren werd verkocht, dat de opbrengst dertien-honderd gulden bedroeg. Welnu, men herleze dit stuk, — het is Multatuli's eigen ziel, die hij daarin heeft beschreven en geroemd.

En wat de taal in 't bijzonder aangaat, — de taal is gansch het volk niet alleen, als omgangsmiddel der gezamenlijke menschen, maar de taal is ook gansch de ziel als omgangsmiddel van den kunstenaar met zich zelf — de terugkeer tot de natuur, die overal dermate verlangd werd, dat dat verlangen zich tot in de meest gemeenzame versregeltjes kenbaar maakte als

> Schrijven moet men, zegt papatje,
> Even zoo alsof men praat;
> Daarom zeg mij, beste Kaatje,
> Nu maar eerst eens hoe 't u gaat!,

die terugkeer tot de natuur werd, ten tijde dat Multatuli debuteerde, meer bezongen en gepredikt dan in praktijk gebracht. En dit wel om de zeer afdoende reden, dat het maar niet genoeg is naar de stemmen van binnen te gaan luisteren in plaats van uitsluitend naar de stemmen, die van buiten komen, maar dat er hiervoor ook stemmen van binnen moeten zijn. Ziedaar het vraagstuk. Om in de kunst den terugkeer tot de natuur, tot de echte en oprechte menschelijke natuur, zoo in praktijk te brengen dat er eenige beteekenis aan is, moeten in den kunstenaar twee faktoren aanwezig zijn: een groot fonds van persoonlijkheid en eene volledige openhartigheid. Nu was het feit, nu wilde de historische toestand, dat Multatuli's voorgangers en tijdgenooten, wel zeer ter goeder trouw en vol ijver naar openhartigheid streefden, naar een nauwkeurig weêrgeven van hun wezenlijke gedachten en innig gevoel, maar die wezenlijke gedachten waren niet schoon, dat innige gevoel was niet groot, om dat zij geen groote mannen waren. Daarom ontbrak de voornaamste faktor: het fonds van groote persoonlijkheid.

En daarin heeft Multatuli's onuitwischbare, koninklijke, verdienste bestaan: dat hij zelf een groote, gepassioneerde persoonlijkheid was, dat zijne stem door zijn tijdvak weerklonken heeft als die van een profeet in de woestijn, en dat hij de schoonste letterkundige kunst heeft voortgebracht van zijn tijd en van zijn land.

III

MULTATULI EN „DE MENSCHEN".

Nu wij de plaats omschreven hebben, welke Multatuli, naar onze opvatting, als openbare persoonlijkheid in de beschavings-geschiedenis van Nederland inneemt, rust, met groote duidelijkheid aangewezen, de taak op ons, de compositie van het beeld dat wij begonnen zijn te schetsen, te vervolledigen, door er de bijzondere trekken aan toe te voegen, die Multatuli als mensch in het private leven kenmerkten. En hiertoe bieden de Brieven het niet genoeg te waardeeren materiaal. Zoo ergens, dan is bij Multatuli de privaat-mensch de aanvulling, de wederhelft van de publieke persoon. Niet alleen om dat hij steeds uit zijn omgeving, uit zijn eigen lotgevallen, uit zijn toevallige omstandigheden en ontmoetingen op reis en te huis bijna uitsluitend de stof putte voor zijne artistieke fantasiën en wij dus de geschiedenis, den oorsprong van zijn kunstwerk in zijn partikulier leven moeten opsporen; maar ook om dat hij zelf nagenoeg zijn geheele partikuliere leven, qua historie, qua belang inboezemende, verontwaardiging wekkende lotgevallen, heeft gepubliceerd, maar niet altijd, — en hierop komt het aan — met zooveel nauwkeurigheid en algeheele helderheid, dat omtrent den waren aard zijner ondervindingen bij den lezer niets meer in het duister bleef. Velen ongetwijfeld zullen pas in deze Brieven de volkomen opheldering van zoo menigen geestelijken en stoffelijken toestand in des schrijvers leven vinden, waarnaar zij in de heftige uitlatingen der Ideën en andere geschriften te vergeefs hebben gezocht.

De vrouwen zijn voorzeker de zachtste, de liefste, de aangenaamste, in vele gevallen de meest menschelijke, helft der menschheid. Het is dus allerminst om de vrouwen van deze kategorie van wezens uit te sluiten, indien wij, na Multatuli in zijne verhouding tot „de menschen" beschouwd te hebben, gaarne een afzonderlijk hoofdstuk zouden wijden aan Multatuli's verhouding tot „de vrouwen", en in verband met deze verklaring moet dus wel de titel der hier aanvangende afdeeling van dit opstel eene anticipatie schijnen op dien der volgende. Toch zullen wij er ons op toeleggen dit slechts schijn te doen zijn. Want het onderscheid moet zijn: dat wij nu Multatuli's bijzondere en buitensporige persoonlijkheid in haar gevoelens en gedragingen ten opzichte van de menschen in 't algemeen willen nagaan, om vervolgens uitsluitend het bijzondere in die persoonlijkheid te overwegen, dat haar eigen werd zoodra zij speciaal met vrouwen in kontract kwam.

Om een juist denkbeeld van Multatuli's karakter te krijgen, zoo als het zich in zijn omgang met menschen, in zijne houding tegenover de maatschappij, openbaarde, toen hij eenmaal een publiek persoon begon te worden, moeten wij aanvangen met zijn karakter te beschouwen zoo als het vóór dien tijd was, want het karakter heeft zich wel niet veranderd, maar heeft zich uitgedijd, en, om zijn latere ontwikkeling te begrijpen, moet men daarvan de oorzaken in de kiem naspeuren. Multatuli's karakter, zoo als dat was vóór de verschijning van zijn eerstuitgekomen werk, den Max Havelaar, heeft de houding bepaald die de maatschappij, vertegenwoordigd door hare met hem in betrekking staande leden, tegen hem aannam, en waarvan zijne, latere, houding weêr de terugslag was.

Wie was Douwes Dekker vóór dat Multatuli bestond, wat voor een man was die Douwes Dekker in de waardeering dergenen, die over hem te oordeelen hadden, — ziedaar de vraag, waarvan de beantwoording het gedrag der „menschen" jegens hem volkomen zal verklaren.

De waardeering, waarin Dekker bij de menschen, hier in 't bijzonder zijne familieleden, bijv. zijn in de B r i e v e n dikwijls genoemden broeder Jan Dekker en zijn zwager Van Heeckeren van Waliën, stond, had zich natuurlijk gevormd uit wat zij wisten van zijne handelingen en gedachten, van de feiten zijns levens, van zijn gedrag als mensch, ambtenaar, echtgenoot, huisvader.

Vóór het geweldige feit, het enorme f a i t a c c o m p l i zijner ontslagneming als Adsistent Resident te Lebak, had Dekker (naar uit de B r i e v e n blijkt) in zijne familie de reputatie van te zijn een zeer begaafd man, maar tevens wat zonderling, wat heet-hoofdig, en een slecht financier. Vóór Lebak reeds, lezen wij, waren de financiëele omstandigheden der familie Douwes Dekker alles behalve gunstig. Dekker had zelf van huis uit geen geld, hij was gehuwd met eene onbemiddelde baronesse Van Wijnbergen, hij verdiende in 's lands dienst wel betrekkelijk veel, maar de verteringen overtroffen steeds de inkomsten, zoodat men links en rechts in schulden kwam.

In 1846 was Dekker gehuwd, in 1852 kwam hij met verlof naar Europa, om in 1855 weder naar Indië terug te keeren. In die drie jaren verloftijd, dus nog vóór zijn zenuwgestel door zijn ontslag en de daardoor veroorzaakte ellende den grooten schok had gekregen, toonde hij reeds, vooral in uitspannings-tijd, slecht met geldelijk beheer overweg te kunnen; want niet alleen bij zijne vrienden, maar ook bij zijne Wageningsche tantes, en zelfs bij den hotelhouder Fuhri in 's-Gravenhage maakte hij schulden, die 1856, het jaar van het ontslag, nog lang niet aangezuiverd waren, want jaren later nog „maakte", zoo als de uitgeefster der Brieven het mededeelt, „Fuhri het hem daarover lastig."

Al dat schulden-maken wordt natuurlijk in 't algemeen verontschuldigd door Dekker's stellige en zeer oprechte voornemens om het geleende geld terug te geven, misschien wel met de rente er bij; het leenen bij de tantes in 't bijzonder wordt vergoelijkt door het feit, dat Dekker deze dames geregeld ondersteunde, zoodat hij niet ten onrechte, maar wel wat weinig delikaat, later beweerde: het was zijn eigen geld, dat hij van de tantes had geleend; doch het leenen bij de tantes komt aan den anderen kant weer in een minder fraai daglicht, als men verneemt, dat die tantes zelve uiterst onbemiddeld waren, zoo onbemiddeld, dat, ter beantwoording van verzoekschriften hunnerzijds, prins Frederik hun eens vijftig gulden ten geschenke zond, terwijl zij van het ministerie eene gratificatie van zestig gulden ontvingen. De schuld bij den hôtelhouder is van nog bedenkelijker aard, par ce qu'il faut laver son linge sale en famille. (Want Dekker was toen nog niet behoeftig, hij had zijn verlofstraktement).

Zóó was dus de toestand, toen, nadat Dekker 4 Jan. 1856 benoemd was tot Assistent-Resident, de familie in de lente van dat jaar plotseling verrast en verbaasd en, ja geërgerd, werd door het bericht, dat hij, in wiens promotie zij zich waarschijnlijk juist zeer verheugden, op 4 April van die hooge positie had afstand gedaan en uit die lukratieve betrekking zijn ontslag had genomen. Waarom, dus vroeg men zich in ontsteltenis af, waarom heeft **hij** dat gedaan? Was het om elders in nog **betere** betrekking te komen, was het om op **andere** wijze, door het beginnen eener partikuliere onderneming, zijne levensomstandigheden en die van zijn gezin nog meer te verbeteren, was het wegens onvermogen, wegens ziekte? Niets van dat alles. Toen dus de familie de reden vernam, kon zij, die natuurlijk naar de algemeen in de maatschappij gangbare begrippen oordeelde, er o n m o g e l ij k iets anders van vinden, dan dat hij, die zoo handelde, rijp was voor de gevangenis óf voor het krankzinnigen-gesticht. Want wát was er gebeurd, wat was de aanleiding geweest, die Dekker tot dezen stap had gebracht? Hij had eene berisping van hooger hand ontvangen over Dienstzaken en, meenende zijn plicht te hebben gedaan, meenende dat zijne superieuren ongelijk hadden en niet hij, meenende dus dat men een andere wijze van dienen van hem verlangde dan hij met zijn plichtsbesef kon overeenbrengen, had hij voor deze moeilijkheid geen andere oplossing geweten dan eenvoudig uit den Dienst te treden.

Hij had berisping ontvangen en daarom zijne demissie genomen. De familie, die wij steeds noemen als vertegenwoordigster der maatschappij, k o n niet anders denken, dan dat Eduard dit uit gekrenkten trots had gedaan, dat hij, gekrenkt in zijn trots, daarom zich zelf en zijn vrouw en kinderen tot armoede had gebracht, in het ongeluk had gestort. Zij k o n niet anders denken om drie redenen: ten eerste zoude zij, als bestaande uit gewone menschen, zich niet hebben kunnen indenken in den geestestoestand van iemand, die het plichtsbesef op zulk een eigenaardige heroïeke manier opvatte; ten tweede, al zoude zij geweten hebben, dat nog heden ten dage individuën met zulke buitensporige begrippen worden gevonden, had zij toch geen enkelen grond om te veronderstellen, dat hun familielid Eduard Douwes Dekker, dien zij wèl echter als zeer hoogmoedig kenden, tot dit slag fanatici zou behooren; ten derde, al waren zij zich bewust geweest van het bestaan dezer soort plichtsopvatting en al hadden zij daarbij geweten, dat die bestond in den geest van Eduard, dan zouden zij toch nog van meening zijn geweest, dat die plichtsopvatting zich in een geheel ander gedrag kon uiten dan in het zijne en tot geheel andere handelingen leiden dan die, welke zij, met leede oogen, hem zagen bedrijven.

Gegeven — dus hooren wij de menschen,

zoo de derde der genoemde beschouwingen de hunne was, redeneeren — gegeven aan den eenen kant, dat de bevolking van Lebak verkeerd werd behandeld, zoowel tot hun ongeluk als tot nadeel van Nederland, dat de assistent-resident dat merkt, dat hij die verkeerde behandeling tracht tegen te gaan, en over dat trachten berispt wordt van hooger hand in plaats van aangemoedigd; gegeven aan den anderen kant, dat hij het tegengaan der verkeerde behandeling, als zijnde plicht, zijn hoogste levenswet acht, dat hij dus om zijn eenen plicht te volbrengen, zijn anderen plicht — het gehoorzamen aan zijne meerderen, — zoude moeten verzaken, dan blijft hem, ook volgens de strengste kasuistische redeneering, nog een vierde weg open, behalve de derde (het ontslag-nemen), nog een vierde weg om uit dit dilemma te geraken, de weg dien niet alleen bijna alle menschen in het gewone leven bewandelen, maar die ook door buitengewone, dweepzieke personen in zeer bijzondere gevallen, dikwijls wordt ingeslagen: de weg van het schipperen, van het geven-ennemen.

Want — en hierop komt het aan ter waardeering van Dekker's daad, en hierom kunnen wij de menschen, die zoo oordeelen, niet geheel ongelijk geven, en in verband hiermede gelooven ook wij dat de trotschheid wel deugdelijk in het spel is geweest en het zijne er toe bijdroeg om hier het woord plicht zoo eigenaardig te interpreteeren (en wij kunnen dit des te eerder doen, daar trotschheid in iemand die later blijkt zoo eene schoone ziel te hebben, niet afkeurenswaardig, of althans, naast de groote gewrochte dingen, de moeite der afkeuring niet waard is), — want, zeggen we, we hebben hier niet te doen met zulk een lijnrecht afgebakende vraag van plicht of geen plicht, van deugd of zonde, als waarop, bij voorbeeld, in tijden van godsdienstvervolging, de Roomsche of de Calvinistische geloovigen te beslissen hadden en waaraan zich die van dood of leven onmiddellijk verbond.

De Roomschen, die wij als voorbeeld nemen, moesten hun geloof afzweren door het plechtig zeggen van eenige woorden; het uitspreken dier formule was, dus leerde de Paus: de zonde, het volstrekt zondige; de Calvinisten moesten hun geloof afzweren, het uitspreken der formule was, dus leerde Calvijn: het volstrekt zondige. Er was hier dus, even als bij alle bekentenissen op de pijnbank, een nauwkeurig afgeperkte daad te verrichten of na te laten. Hem, die het deed, wachtte, na een leven van wroeging, de eeuwige verdoemenis; hem, die het naliet, wachtte, onmiddellijk, de eeuwige gelukzaligheid. De geheele zaak, de daad en het doel, bepaalde zich dus tot het uitspreken of verzwijgen van eenige woorden.

In Dekker's geval was dat anders. Hij had geen bepaalde daad te verrichten, die de stem van het geweten verbood. Hij had zijn gedrag alleen een weinig te wijzigen, om niet alleen zijn vrouw en kinderen zoo gelukkig te doen blijven als zij waren, maar om tevens, — wat voor hem dan de hoofdzaak zoude geweest zijn — zijn zaak beter te dienen, zijn doel beter te bereiken, dat, door het nemen van zijn ontslag, geheel voor hem verloren ging. Want hij was toen nog niet van plan de zaak van Indië door openbare geschriften te bepleiten, en, ware hij op zijn post gebleven, dan zoude hij, wat hij toch onmiddellijk voorzien kon, de belangen van Nederlanders en Inlanders niet alleen hebben kunnen blijven bevorderen, maar tevens zou hij, ware de gedachte ook in dat geval bij hem opgekomen, door boeken en artikelen, aan de bevordering dier belangen eene meer algemeene uitgebreidheid hebben kunnen geven.

Het geval van Multatuli is het best te vergelijken met het geval van een menschlievend schoolmeester. Verondersteld dat een onderwijzer op een armenschool, behalve dat hij de wettelijke voorschriften ten opzichte der kinderen volbrengt, dien kinderen tevens voedsel verstrekt voor zijn eigen rekening, hiervoor een gedeelte van zijn traktement gebruikende. Verondersteld voorts, dat een lid der bevoegde autoriteit, het gemeentebestuur of de schoolcommissie, den onderwijzer aanschrijft daarmede niet voort te gaan, door eene, het doet er niet toe welke, administratieve konsideratie hiertoe gebracht. Moet nu die onderwijzer, van meening zijnde, dat de kinderen eigenlijk van Staatswege zouden moeten worden gevoed, en dat hij in elk geval geheel vrij moest gelaten worden om ze voor zijne rekening te voeden, van meening zijnde, dat de plicht der menschlievendheid hem die voeding gebiedt, — moet nu die onderwijzer zijn ontslag nemen en zeggen: anders dienen dan ik thans dien kan ik niet, zoo doende zijn traktement verliezend, zijn familie ongelukkig makende, en de kinderen aan de behandelingen van zijn opvolger blootstellend, die jegens hen wellicht een veel minder zacht gedrag in praktijk zal brengen dan in het onthouden der niet voorgeschreven voeding bestaat? Of moet hij op zijn post blijven en langs een anderen, minder met de inzichten der autoriteiten strijdenden weg, het harde leven voor de kinderen wat zoeken te verzachten?

Wij wenschen met deze overwegingen te betoogen de redelijkheid van het oordeel der maatschappij over Multatuli's daad. En daar wij gaarne het gebeuren van zooveel mogelijk heldenmoedige daden aannemen, om het genot te kunnen hebben die te bewonderen, willen wij gelooven, wat niet absoluut zeker is, want hij was zeer opgewonden — dat Multatuli, op het oogenblik zijner ontslagneming, w i s t, dat hij zich daardoor in het ongeluk stortte. Wij erkennen, dat zijn daad dán heldenmoedig was, maar wij betoogen daarbij, dat die heldenmoedige daad, evenals die van Van Speyk, voortkwam uit trots, en geenszins uit plichtsbesef of menschenliefde.

„De menschen", en natuurlijk zijn familieleden in de eerste plaats, waren dus — wij herhalen: ook om dat niets nog deed vermoeden dat in den naar hunne meening dwazen Douwes Dekker de later te ontluiken auteur Multatuli school — ten hoogste ontstemd tegen den man, die, na eerst eenigen tijd te Batavia te hebben vertoefd, nu, in het voorjaar van 1857, per landmail over Singapore, Ceylon, Suez, Kaïro en Marseille, naar Europa kwam om ... ja, waarom eigenlijk, waarom anders dan om als een avonturier rond te zwerven en hun allerwaarschijnlijkst per slot van rekening nog tot overlast te worden, terwijl hij zijn in gezegende-omstandigheden verkeerende vrouw en zoontje te Rembang, op het goed van zijn broeder Jan, had achtergelaten.

Het gedrag van Dekker, van zijne aankomst te Marseille af tot zijn verblijf in Brussel, waar hij een paar jaar later den Max Havelaar schreef, toe, was in alle opzichten dat van een losbandig levend avonturier, en niemand, die niet in zijne ziel kon lezen, dus letterlijk niemand, kon hem bij mogelijkheid voor iets anders houden.

In plaats van naar zijne familie te reizen, eene betrekking te zoeken, desnoods, in afwachting van beter, winkelbediende te worden (wat ook de familie voor iemand, waarvan zij — wij kunnen dit niet genoeg herhalen — hoegenaamd niet wist dat er een kunstenaar in stak, beter zou gevonden hebben dan het leven dat hij verkoos te leiden) begon hij door Europa te zwerven en schijnt ook nogal eens — men houde ons de details ten goede, die uit de

Brieven zijn geput en waarvan de vermelding noodzakelijk is om een juist en volledig beeld van den toestand te krijgen — publieke-huizen bezocht te hebben. Althans uit een bordeel „kocht" hij in dien tijd, zekere Eugenie „los", een vrouw, die, — naar de naïeve mededeelingen van de uitgeefster der Brieven, dl. I, blz. 43 — „noch zeer jong, noch zeer schoon, maar fatsoenlijk in voorkomen en manieren," buitendien „eenvoudig, bescheiden en zacht" was, terwijl Dekker haar „lief" en Eugenie zelf het „een ramp" vond, dat zij in dat huis „gebonden" was.

Met deze vrouw reisde Dekker, in den zomer van 1857 (terwijl zijne vrouw steeds in Indië bij zijn broeder logeerde) tot Straatsburg, waar zij scheidden, hij om verder Duitschland in te reizen, zij om in Fransch land te blijven, waar zij meende, „als française, meer kans te hebben om een eerbaar middel van bestaan te vinden". Om haar het bereiken van dit doel gemakkelijk te maken, gaf Dekker haar geld. De uitgeefster der Brieven gist, „in verband met zijn gewone royaliteit, een vrij aanzienlijke som" (van het geld, dat waarschijnlijk zijn broeder Jan hem had voorgeschoten om in Europa een positie te zoeken).

Nu was Dekker's geld-voorraad zeer verminderd en, tweede stadium der reis door Europa, een tamelijk natuurlijk gevolg van het eerste, hij reisde naar Homburg, om daar aan de speelbank zijn fortuin te beproeven. De uitgeefster der Brieven zegt er van:

„Multatuli heeft zijn millioenen-studien geschreven, en noemt daarin de kansrekening zijn lievelingsstudie. Wie dat boek lazen weten dat dit zoo was. (Ongetwijfeld, als het er in staat.) Hoe juichend begroet hij daarin de „simple chance" en de „logos, vol van waarachtigheid." Er was verband tusschen de kansrekening, zijn millioenen-studien, zijn hooge droomen vol ongemeten eerzucht, zijn „rekenen en mijmeren" waarvan hij zoo dikwijls sprak, en zijn verder reizen naar Duitschland, naar Homburg. Ook het oogenblik drong hem. Nog in het bezit van een weinig geld, maar zonder uitzicht op verdere inkomsten, zag hij het afzichtelijke fantoom „geldgebrek" dreigend naderen... Nog had hij genoeg, nog was het tijd om een kans te wagen, en wie weet, als nu... In 't kort, hij ging naar de speelbank! Maar hij verloor daar wat hij had, zoo zelfs, dat hij een of twee dagen later zijn logementsrekening niet kon voldoen. De hôtelhouder maakte het hem lastig, en door nood gedreven telegrafeerde hij naar

Straatsburg, evenwel vreezende dat Eugenie van daar vertrokken zou zijn, of althans dat zij haar geld besteed had. Maar neen. Den ochtend na zijn telegram stond zij voor hem. Zij had nog geen uitgaven van belang gedaan, en bracht hem nagenoeg al het geld dat hij haar gegeven had, terug. Met ingenomenheid kon hij in later jaren vertellen, hoe fier zij den lastigen logementhouder haar bankjes had toegeworpen met een kort: „payez-vous!""

Nu willen wij niet in eene te uitvoerige appreciatie van deze lotgevallen en handelingen treden. Zoo als zij hier vermeld staan vernemen de lezers ze op minstens even partijdige wijze voorgesteld, als de interpretatie dezer zaken door Dekkers familie partijdig was in tegenovergestelden zin. Het is alleen eene zeer beminnelijke vooringenomenheid die in al dit gedoe iets anders kan zien dan de lang niet buitengewone of fijne gebeurtenissen, die een Welt-Umbummler, een Globetrotter, een kosmopolitisch avonturier, zoo al kunnen overkomen.

Wij, hedendaagsche lezers, wij de bewonderaars van Multatuli's werken, wij die in Multatuli den man van prachtigen artistieken aanleg, van grooten hartstocht en ongemeen talent eeren, wij vinden het thans, — al naar mate wij alleen nieuwsgierig, of fatsoenlijk maatschappelijk, of zelf eenigszins meer artiestachtig gestemd zijn, — belangrijk, betreurenswaardig of aardig, dat een gedeelte der biografie van onzen grooten schrijver aldus gekleurd is, wij vinden deze dingen interessant om dat zij plaats hadden met den man, die later de schrijver Multatuli werd, even zoo als wij er ons voor zouden interesseeren of hij 's ochtends bij zijn boterham een gekookt of wel een gebakken ei pleegde te nuttigen; maar wij kunnen die avonturen op zich zelf niet belangrijk vinden, en — hiermede passen deze zaken in ons betoog — dat de familie in Holland, wie alleen de brute mededeeling der feiten ter oore kwam, het zeer schandelijk vond, dat deze echtgenoot en vader met publieke vrouwen door Europa rondreisde, het geld dat hij gekregen had om voor zich en zijn gezin eene broodwinning op te sporen, in bordeelen en aan speelbanken verkwanselde en voortging het type van „lastig logementhouder" tot een stereotiepe figuur in zijn leven te maken, — welnu, wie is er, die dit gevoelen der familie niet zeer natuurlijk zal achten?

Mevrouw Dekker, de uitgeefster der Brieven, verhaalt, zeiden we, deze dingen op partijdige wijze. Niet dat zij de feiten onnauwkeurig opgeeft, maar in den heelen toon van het verhaal is de stem der liefde waar te nemen, voor wier schoone blindheid wij den meesten eerbied gevoelen, maar omtrent wie wij, in een historische beschouwing als deze, ons niet gerechtigd achten te verzwijgen, dat zij in hooge mate de, aan de liefde trouwens inherente, eigenschap bezit van ook de minste handelingen der geliefden voor edele en groote daden te houden, en te meenen, dat de groote en edele geliefde, die onverdiend ongelukkig is, nu ook, als ware het door de natuur met opzet zoo er op toegelegd, steeds in aanraking zal komen met andere ongelukkigen, die zoo al niet groot dan toch óók edel zijn.

Wij zullen, om den wille der waarheid, eenige nuchtere opmerkingen wagen aan te voeren, die de feiten in kwestie tot hun zuivere anekdoten-waarde zullen terugbrengen. In de wereld van speelbanken, bordeelen, en wat dies meer zij, is de uitgeefster der Brieven natuurlijk eene vreemdelinge, en al zoude zij, langs den weg der philanthropie, misschien wel met gevallen-vrouwen in gevangenissen of elders hebben gesproken, dan toch zoude zij van den waren aard der bordeelen-wereld niet op de hoogte zijn gebracht. Er zijn gevallen bekend van geestelijke zusters, die tien jaar en langer vrouwelijke gevangenen hebben bediend, waarbij eene menigte brutale vrouwspersonen, die zich niet terughielden alles uit te schreeuwen wat hun in 't hoofd opkwam; en tóch hadden de zusters, in al dien tijd, van den eigenlijken aard der toestanden, waaruit het verleden dier vrouwen bestond, niets begrepen.

De korte zin dezer lange rede moet de bewering wezen, dat in Dekker's gedrag, en ook in Eugenie's gedrag, **niets bijzonders** gevonden wordt. Dat een leeglooper, die zijne betrekking is kwijtgeraakt, zijn gezin in Indië achterlaat, in Europa „en garçon" uitstapjes maakt, publieke huizen bezoekt, en, toevallig veel geld op zak hebbende, een vrouw, die hem bevalt, uit een bordeel medeneemt, na hare schuld in dat etablissement te hebben betaald, om met haar verder te reizen, — hierin is niets bijzonders, hoegenaamd niet. Menig gezeten burger, thans huisvader en kapitalist vol respektabiliteit, zal zich uit zijn jeugd, toen hij de periode onder het devies „il faut que jeunesse se passe" doormaakte, uit eigen ondervinding of van hooren zeggen dergelijke gevallen herinneren. Ons is iemand bekend, in wiens studenten-vriendenkring alleen reeds, eertijds drie zulke „loskoopingen" hebben plaats gehad.

Dat een avonturen-jager in de grensstad van haar land afscheid neemt van zijne tijdelijke „mentinee," zooals het plat-Amsterdamsche woord luidt, dat hij, bepaald eene „toquade" voor die vrouw hebbend en, gewoon hoe kaler hij is hoe royaler met geld om te springen, haar een flinken duit als afscheidsgeschenk medegeeft, met de typische vermaning nu in 't vervolg op het goede pad te blijven, — dit is wederom eene gebeurtenis, in de annalen der Bohême en der demi-monde zoo frequent voorkomend als het maar mogelijk is.

Dat iemand, die in goeden doen is geweest en nu op weg naar „lager wal", zich aftobt om een snelwerkend middel te vinden, dat zijn fortuin herstellen zal, bezoeker van de speelbank wordt en de kansrekening zijn lievelingsstudie noemt, — wij zouden haast vragen: kán het alledaagscher? De kansrekening, het ploeteren in „systemen", die onvermijdelijk doen winnen, is de voortdurende bezigheid der stamgasten van speelbanken. Wie, die ooit de speelzalen in Spa of Monte-Carlo bezocht, heeft ze niet gezien, de bleeke, reeds bejaarde vrouwen in donkere kleêren, de magere mannen in versleten plunje, die echter van goeden kom-af nog getuigt, — of wel pas (na een avond van winst) in een al te nieuw kostuum gestoken, waarvan de weelderigheid schrille tegenstelling vormt met hun vervallen gelaatstrekken, waarin de oogen koortsig gloeien? Wie heeft ze niet zien turen en mijmeren, en, met zenuwachtige bewegingen, op het vel papier of in hun zakboekje notities schrijvend en berekeningen makend? Elken dag ziet men er andere, er zijn er te veel dan dat men hen ook maar zou kunnen onthouden. (Wij herinneren er nogmaals aan: De millioenen-studiën zijn een fraai boek; uit het minste en geringste uit Douwes Dekker's leven, zou de kunstenaar Multatuli later iets schoons weten te distilleeren).

En wat nu aangaat Eugenie (hoe men al niet tot den rang van historisch persoon verheven kan raken!):

Dat een publieke vrouw noch zeer jong noch zeer schoon is, aan zekere mannen voorkomt lief te zijn, en zich eenvoudig, bescheiden en zacht, fatsoenlijk in uiterlijk en manieren weet voor te doen, — heeft zij gemeen met de groote meerderheid van, dat zij het ellendig vindt in een bordeel gebonden te zijn, heeft zij gemeen met voor zoover bekend is álle hare beroepsgenooten.

Oppervlakkig zoude men zeggen, — alle fatsoenlijke vrouwen zullen dit dus zeggen — dat de meeste publieke vrouwen, door den afschuwelijken en betreurenswaardigen toestand van verval waarin hun moreele smaak verkeert, zoo veranderd zijn, dat zij zich heerlijk tehuis gevoelen in het kermispaleis voor beestachtige vermakelijkheden, dat het bordeel voor hen is; voorts, dat eene vrouw, die eenmaal zich in een bordeel is gaan vestigen, te diep gezonken is om eenvoudig, bescheiden en zacht en fatsoenlijk in voorkomen en manieren te zijn. Toch moet dit beslist ontkend worden. Het is alleen eene konventioneele, oppervlakkige notie van deze personen en zaken, die de oorsprong dezer meening wezen kan. Ten huize van een onzer bekenden, een deftig en hoogst ingetogen levend gezin, is twee jaar lang een werkmeid in dienst geweest, — die, uit eene andere stad, door een misverstand van persoonsverwisseling bij het nemen van informaties, in dien dienst was gekomen — en die bijzonder in de gunst stond van hare meesteres, welke laatste aan hare kennissen steeds te vertellen had, dat zij nog nooit met zulk eene in alle opzichten fatsoenlijke en aanbevelenswaardige dienstbode te doen had gehad: en deze werkmeid bleek later de vijftien aan die twee voorafgaande jaren onafgebroken als publieke vrouw in bordeelen te hebben doorgebracht. En dit is een voorbeeld uit duizenden.

Doch, om op de ontleding van Dekker's avontuur terug te komen: Dat een publieke vrouw zich zoo edelmoedig gedraagt als Eugenie deed toen zij, op Dekker's telegram, naar Homburg kwam om hem het geld, dat hij haar gegeven had, en dat zij naar alle waarschijnlijkheid zelf best gebruiken kon, terug te geven, nu hij zelf in verlegenheid was, schijnt zeker een nog zeldzamer verschijnsel. Ongetwijfeld komen daden als deze ook niet zoo veelvuldig voor. Psychologisch echter is dit feit niet van belang, daar de karakter-eigenschap, waar de handeling uit voortkwam, de goedhartigheid namelijk, de edelmoedigheid, den meesten publieken vrouwen eigen is. Leden der hoogere maatschappelijke standen weten dat zoo niet; onder het volk echter is de goedhartigheid en hulpvaardigheid van publieke vrouwen spreekwoordelijk bekend.

Wat nu, — om met deze opmerking de paragraaf over het tweede stadium van Dekker's reis te besluiten — het toewerpen der bankpapieren betreft, waarmede Eugenie den hôtelhouder betaalde, wij kunnen dit met Dekker niet „fier", en zoo heel fatsoenlijk evenmin, vinden. Deze handeling lijkt ons meer „aanstellerig" dan koninklijk. Ook dat mevrouw Dekker hôtelhouders, die eenvoudig bij, hun onbekende, gasten op de betaling der achterstallige rekening aandringen, telkens „lastig" noemt op eene wijze, alsof zij over bedeljongens sprak, die den voorbijganger hun lucifers te koop opdringen, achten wij een weinig te studentikoos voor eene eerwaardige dame, die optreedt als uitgeefster der brieven van een groot auteur.

Het derde stadium van Dekker's reis bestaat uit zijn tocht naar Brussel in het najaar van 1857 en zijn verblijf aldaar tot den volgenden zomer in een kleine herberg, den P r i n c e B e l g e genaamd, waar hij zeven maanden den kost schuldig bleef, nu hij geheel van geldelijke middelen verstoken was. Ook dit gedeelte zijner lotgevallen past geheel in de loopbaan van een avonturier. „Eerst zijn geld opmaken met publieke vrouwen en aan speelbanken, daarna, als het geld op is, ergens in een kleine herberg blijven hangen en teren op den zak van den goedhartigen waard, — er ontbreekt niets meer aan" — onmogelijk kon de familie in Holland er anders over denken dan in deze woorden is uitgedrukt.

Het is zeer jammer, dat mevrouw Dekker uit dezen tijd geen brieven heeft gepubliceerd, daar die ons verklaard zouden hebben waarom Dekker niet naar Holland ging en waarom hij niet voortging te trachten het doel, waarmee hij in Europa gekomen was, te bereiken.

Zoo nu, als wij hier beschreven hebben, ging Dekker voort zich te gedragen tot het najaar van 1859, steeds niets van zijn hoogere gaven openbarend en zonderling levend, tot voortdurende ergernis der familie.

In Januari 1859 schreef hij, van den Prince Belge uit, zijn brief aan den Gouverneur-Generaal in ruste, eindigend met de woorden:

„Het verzoek, dat ik Uwer Exc. te doen heb, is dit: de herhaling mijner bede om dezen brief en de daarbij gevoegde stukken aandachtig te lezen, en mij wel te willen antwoorden op de vraag of Uwe Exc. daarin niet aanleiding vindt mij te ondersteunen in de pogingen die ik wil aanwenden om op de meest eervolle wijze weder te mogen intreden in Nederlandsch-Indischen dienst.

Maar, Excellentie, anders dienen dan ik diende te Lebak kan ik niet!"

Mevrouw Dekker teekent hierbij aan: "De heer Van Twist heeft niet geantwoord."

Men kan er zich al weder niet van onthouden het zwijgen van den heer Van Twist zeer verklaarbaar te vinden. De lezer van Multatuli's werken, — het is natuurlijk niet uit te maken of juist álle lezers hier in overeenstemmen — door de vaste overtuiging en den doordringenden stijl van den kunstenaar dermate overreed, dat hij niet eens de gelegenheid heeft kalm na te denken, heeft, bij de vele sentimenten en gevoelens, die Multatuli u dwingt van hem over te nemen, stellig ook bespeurd het gevoelen, dat de heer Van Twist een slecht mensch was en het gevoel van bitteren wrevel tegen dien heer. Dit gevoelen en dit gevoel zal echter tegen latere, onpartijdige overweging niet bestand blijken.

Immers, van tweeën één: òf (wat het waarschijnlijkste is) de heer Van Twist dacht dat hij met een halven gek te doen had en achtte het, van die veronderstelling uitgaande, niet eens de moeite waard de waarachtigheid der overgelegde bescheiden te kontroleeren; òf hij had kennis genomen van Dekker's mededeelingen, hield het voor mogelijk, dat zij juist waren, hoewel te veel gegeneraliseerd, te voorbarig van den bijzonderen toestand te Lebak tot een algemeen Nederl.-Indischen toestand gekonkludeerd, maar achtte het nu zijn plicht niet meer persoonlijk handelend op te treden, en wenschte bovendien zich niet in betrekking te stellen met ambtenaren, nog minder met voormalige ambtenaren, die zich op zulk een zonderlinge, ongeregelde, manier tot hem wendden.

Stelt u voor, dat een minister op zijn bureau te werken zit, en dat een man van de straat het departementsgebouw komt binnengeloopen, in weêrwil van portiers en klerken binnendringt en den minister toeroept: Excellentie, daar is onrecht gepleegd, zie eens hier, en daar, hier heb ik de bewijzen. Elke minister zoude zoo een indringer antwoorden: vriend, het is mogelijk dat gij gelijk hebt, maar wil u op de gebruikelijke wijze tot mij wenden, dit is geen manier van doen.

Stelt u voor, dat een voormalig minister in zijn buitenverblijf zit te dejeuneeren, en er wordt iemand aangediend, die in de gang reeds staat te roepen: onrecht gepleegd, daar is onrecht gepleegd, ik moet den heer des huizes spreken!

De minister zal zijn huisknecht gelasten dien

man den weg naar het hek te wijzen met de aanmaning zich op de gepaste wijze tot de bevoegde autoriteit te wenden, indien hij meent verongelijkt te zijn.

En nu zeggen wij: ook dán, indien de man, die zich indringt, ware grieven heeft mede te deelen, ook dán, indien werkelijk het grootste onrecht is gepleegd, zal de minister gelijk hebben met hem de deur te wijzen, *want:* na dat hij één persoon op die wijze zou hebben te woord gestaan, die in zijn recht was, zullen er zich negen-en-negentig op de zelfde manier aanmelden, wien slechts denkbeeldig onrecht is geschied. En de minister zou geen oogenblik tijd meer over hebben om 's lands zaken te bestieren, of, in het buitenplaats-geval, om zich met zijn voor hem belangrijke partikuliere zaken te bemoeien.

Het is beter dat aan één mensch onrecht geschiedt dan dat, door verwaarloozing van 's lands zaken, aan duizenden onrecht zou worden gedaan.

In het voorjaar van 1858 kwam de heer Jan Dekker van Rembang naar Europa, bezocht zijn broeder Eduard te Brussel en betaalde de rekening in den Prince Belge.

In den herfst van hetzelfde jaar bevond Eduard zich in Cassel, waar hij Saïdjah's lied in het Maleisch dichtte, veel op de Casseler Aue wandelde, en bij den.... logementhouder en vrienden schulden maakte, die hij nooit heeft kunnen afdoen.

In het voorjaar van 1859 kwam zijn vrouw, met twee kinderen en eene baboe, eveneens naar Europa, en zagen de echtgenooten elkander weder te Luik. Den zomer van dat jaar, tot in het laatst van Augustus, vertoefde het gezin in den omtrek van Luik en Maastricht, met name in het dorp Visé, waar de hoogst onaangename bejegening hen trof, dat zij van den burgemeester dier gemeente eene aanzegging kregen om binnen tweemaal vier-en-twintig uur zijn grondgebied te verlaten. Het was juist kermis in Visé, en de omstandigheid, dat zij er sjofel uitzagen, geen geld en geen legitimatiepapieren hadden en in kleine herbergen vertoefden, gevoegd bij de donkere gelaatskleur van een gedeelte van 't gezin, van de baboe vooral, had de achterdocht van 't gemeentebestuur opgewekt en was oorzaak, dat zij voor saltimbanques van verdacht allooi werden gehouden en als zoodanig behandeld. Men kan begrijpen, hoe zulk een lotgeval den zeer gevoeligen Dekker, vooral ook wijl de smaad zijne vrouw niet minder trof dan hem zelven, moest aandoen. Gelukkig woonde te Maastricht een vriend van Dekker, de heer J. J. M. de Chateleux, dien hij in 1843 had leeren kennen, toen Dekker Natal verlaten had en te Padang op Sumatra vertoefde; het krediet van dezen heer, die hem toch al reeds naar de betrekkelijk helaas geringe krachten van zijn vermogen had bijgestaan, kon hem ook nu uit den nood redden. Maar weldra raakte ook die bron uitgeput en, den 23sten Augustus 1851 trok het gezin, in den toestand der diepste armoede, naar Antwerpen, voor welke reis nauwelijks nog het noodige geld beschikbaar was.

In Antwerpen was het gezin nog slechts enkele dagen vereenigd. Den 27sten Augustus bleef Dekker alleen met hun koffers en de onbetaalde rekening in het Hôtel du Temple aldaar achter, terwijl zijne vrouw met de kinderen en de baboe den laatsten uitweg insloeg, die hun nog overbleef en op reis ging naar Den Haag, naar hare zuster Henriëtte van Heeckeren van Walien. Dit waren, voor zoover wij kunnen nagaan, de bitterste dagen, die Dekker en de zijnen doorleefden. Want, — inderdaad deze toestand was vreeselijk — er was letterlijk volstrekt geen geld meer over, zoodat Dekker's echtgenoote met de haren met ledige portemonnaie zich op de Rotterdamsche boot inscheepte. Om zich uit de verlegenheid te redden, had zij — arme vrouw! — een list bedacht, die gelukte. Zij veinsde namelijk, toen de bootbeambte rondging om de passagegelden op te halen, met voorgewenden schrik, hare portemonnaie te hebben vergeten en zeide in Rotterdam hem het geld te zullen bezorgen. In Rotterdam was een hôtel, waar Dekker vroeger eens gelogeerd had, en toen, daar aangekomen, de bootbeambte mevrouw Dekker ter aangeduide plaatse vergezelde, leende de logementhouder haar vijftien gulden om haar passage te betalen en met de haren de reis naar Den Haag voort te zetten.

In 's Gravenhage werd zij ten huize harer zuster ontvangen. Men gaf haar daar „een maal eten", en twintig gulden om de reis voort te zetten naar Brummen, waar de heer Jan Dekker een buiten, „De Buthe" genaamd, bewoonde. Tevens liet men haar daar (te 's Gravenhage; wij volgen de mededeelingen van de uitgeefster der Brieven) een brief aan haar man schrijven, die geheel tegen haar hart moet geweest zijn, waarin zij hem de noodzakelijkheid eener scheiding betoogde en hem in overweging gaf ergens op een schip een betrekking als matroos of hofmeester te zoeken.

Deze daad van de familie schijnt een oogenblik bijzonder wreedaardig. Wij herinneren er aan, dat Dekker, — van wiens hoogere gaven nog niets gebleken was — door zijn gedrag der laatste jaren zich de allerafschuwelijkste reputatie bij die menschen had gemaakt; voorts dat de Van Heeckerens geen bloedverwanten van hém waren, alleen van zijn vrouw; dat zijn persoonlijk lot hun dus nagenoeg onverschillig was, en zij het als de eenige uitkomst voor hunne zuster moesten beschouwen, dat zij van zulk een echtgenoot als den haren ontslagen raakte. Hadd' Dekker nog een vader of moeder gehad, nooit zoude hij van die eene dergelijke behandeling hebben ondervonden. De hulp, hem telkens en telkens door zijn broeder Jan verschaft, bewijst dat de verwanten van zijn kant zich nooit geheel van hem afgekeerd hebben. Die broeder Jan was zelfs een zeer goedhartig en hulpvaardig mensch.

Kort na het ontvangen van dezen brief van zijne vrouw, toen hij haar hare koffers op haar verzoek had nagezonden, dus in het begin van September 1859, vertrok Dekker van Antwerpen naar Brussel; hij nam daar weder zijn intrek in den „Prince Belge," de eenige gelegenheid, waar hij krediet had. Daar voltooide hij in dien tijd zijn Bruid daarboven en schreef er zijn Max Havelaar.

De brieven, die den inhoud van het eerste deel der korrespondentie uitmaken, zijn geschreven in Augustus—November, de allereerste van Antwerpen, al de overige van Brussel uit.

Voor zoover uit die Brieven Dekker's geestestoestand, het volkomen bewust worden in hem van zijn talentvollen aanleg, blijkt, hebben wij er, in het tweede hoofdstuk van dit opstel, de passages uit aangehaald, die ons voorkwamen de meest welsprekende te zijn. Wat Dekker's overige stoffelijke, levensomstandigheden betreft, brengen zij ons verder bijzonderheden, waaruit dezelfde toestand blijkt, dien wij reeds hebben leeren kennen, toen van zijn eerste verblijf in deze herberg werd melding gemaakt.

Het publiek bestond daar uit ondergeschikte beambten van het aan de overzijde der straat staande postkantoor en uit „mannen in blousen", die daar hun faro kwamen drinken. Dekker wist zich in het huis zelf en in de geheele buurt bemind te maken. Pauline, een gevallen vrouw met haar zuigeling, die daar ook op kosten van den menschlievenden waard in de herberg habituée was, de slager Deprez en diens gezin, waren er zijn vrienden.

Dekker had het er aller-armoedigst. Het koopen van schoenen, van inkt, van een lampje, waren vraagstukken van belang, die eerst na rijp beraad konden worden opgelost. Men at in die herberg een „burgerpot"; naar zijn getuigenis was Dekker hiervan overigens een liefhebber; als zij wist, dat iets hem goed smaakte, maakte de waardin dat voor hem klaar. Deze tijd was echter in onze schatting, en ongetwijfeld ook in zijn eigen schatting, de smartelijkste, maar tegelijk de schoonste, tijd zijns levens. Men kan hem zich voorstellen daar op dat zolderkamertje gezeten, de vingers krom getrokken van schrijfkramp en van kou niet zelden, de oogen ontstoken van het bovenmatig werken, ten prooi aan de hevigste zenuwopwinding, aan de meest verregaande exaltatie, en zoo het schoone werk voortbrengend, waarmede hij zich aan zich zelf en aan zijn land ontdekte.

Den 14^{den} September reeds had hij zich voor het eerst in letterkundige betrekking met eenige zijner landgenooten gesteld. Hij was, door bemiddeling der logemannen van het Rozekruis, met eene schouwburgdirektie in onderhandeling getreden over de opvoering van zijn Bruid daarboven. Zes jaar geleden, in zijn verloftijd, — dus verhaalt de uitgeefster der Brieven — was Dekker te Gorcum in die orde opgenomen, „en had er in snelle opvolging vele rangen doorloopen tot hij een der hoogste sporten bereikt had en benoemd was tot Prins van het Rozekruis". (Arme Prins!) De heer Eduard de Vries, schouwburg-bestuurder, was Dekker komen spreken. Deze had zich met het stuk uiterst ingenomen betoond, zich terstond bereid verklaard tot de opvoering. Maar van droits d'auteur kon voorloopig weinig of geen sprake zijn. Bij gelegenheid van dat bezoek las Dekker den heer De Vries eenige bladzijden voor uit Max Havelaar, waardoor de heer De Vries zeer getroffen werd. Hij ried Dekker evenwel ten sterkste aan het handschrift naar den koning te zenden, vóór hij tot openbaarmaking overging.

Toen Dekker Max Havelaar had voltooid, zond hij het handschrift, den 5^{den} November, naar zijn vrouw en broeder te Brummen. Ofschoon zij het eerst den 9^{den} ontvingen, had hij den 11^{den} 's avonds reeds twee brieven van zijn vrouw ontvangen, waaruit bleek, dat zij het werk toen reeds geheel gelezen hadden en er hoog mee ingenomen waren. Aandoenlijk is de brief, dien Dekker, toen Multatuli geworden, als antwoord op den haren, den 11[den] November aan zijne vrouw schreef (1[e] dl., blz. 125). Op hare bewering, dat hij haar, in de persoon van Tine, te veel geprezen had, antwoord hij bijv.:

„Neen, neen, waarachtig niet, ik heb u niet in de hoogte gestoken. Integendeel, je staat veel te veel op den achtergrond. Ik heb mij dat al verweten, doch ik werd daartoe geleid omdat Max hoofdpersoon blijven moet (om het doel van 't boek) en voorts dat ik goed van mijzelf spreek heb ik u vroeger al uitgelegd."

En verder deze regelen, die de geschiedenis van den Max Havelaar belangrijk toelichten:

„Het was mijn plan Jan te verzoeken naar Van Hasselt (de Br∴ R + die met Dekker het eerst over De Bruid daarboven had gecorrespondeerd) en Van Lennep te gaan, of naar den eersten alleen, dan krijgt Van Lennep het ook. . . .

Maar nu het delicate punt. Als men komt met een boek met de vraag „wil je dat afkoopen?" dat is chantage, afzetterij. Dat is dus de bedoeling niet. Ik heb mijn boek geschreven met een dubbel doel: namelijk verbetering van den boel in Indië, en herstel van mijne positie. De zaak is dus niet dat ik zeg: geef mij zooveel of zooveel, dan zwijg ik; want ik meen wat ik op het slot zeg. Ik zal strijden voor die arme verdrukten, ik heb mij dat nu voor mijne roeping gekozen. De vromen zouden zeggen dat de Heer mij daartoe dringt, daar hij mij alle andere uitwegen afsloot.

Doch dat dubbele doel kan bereikt worden door samengaande maatregelen, namelijk een hoogst-eervolle benoeming van mij met eene considerans dat Z. M. mijne wijze van handelen approuveert, en die van het toenmalig bestuur desavoueert. Dat is eene zedelijke triomf van 't principe, en eene materieele zegepraal voor mij, die ik, God weet het, noodig heb.

Van Hasselt is lid van de kamer (Van Lennep ook.) [1]

Willen zij met Jan samenzweren om mij dien dubbelen triomf te bezorgen, goed. Doch er moet goed vermeden worden er op te doelen als of ik voor mij alleen winst vraag. Want behalve dat dit onedel wezen zou, komt hier

---

[1] De uitgeefster teekent hierbij aan, dat dit onjuist is.

nog bij dat ik meer winst behaal door **mijn** boek te laten drukken. Jan kan aan Van Hasselt zeggen (niet als bedreiging maar als eenvoudige waarheid) dat ik mijn boek in 't Fransch, Duitsch en Engelsch vertalen zal. Als mijn oogen het toelieten was ik al begonnen.

. . . .

Hoe het zij, ik vind goed dat Jan naar Van Hasselt gaat. Doch dit staat vast, als Van Hasselt of Van Lennep niet willen of kunnen bewerken, dat aan mijn dubbel verlangen koninklijk wordt voldaan, dan zal het gedrukt worden, en als ik daartoe geen geld heb, dan zal ik het afschrijven en rondzenden in manuscript. Doch in Frankrijk zal ik de vertaling wel gedrukt kunnen krijgen, en in Duitschland ook."

Den 20sten November daaraanvolgende kende Dekker het oordeel van Van Lennep over zijn werk, aan wien Van Hasselt het had gegeven. Hij schrijft op dien datum:

„Maar nu ben ik in grooten tweestrijd wat ik doen moet. Jan namelijk zendt mij ƒ 50, en stelt voor het boek aan Rochussen (den toenmaligen minister van koloniën, opdat die de uitgave nog zou kunnen voorkomen) te vertoonen. Van Lennep zegt: ik moet zoo dwaas niet zijn het voor niet aan een boekverkooper te geven. Hij maakt zich sterk een prijs te bedingen. Nu moet ik kiezen tusschen schrijven in Holland of eene betrekkking in Indië.

Zooals de zaken nu staan houd ik het er voor dat ik slaag in wat ik ook kies.

Maar ik ben in vreeselijken tweestrijd.

Jan vraagt antwoord met ommegaande en ik kàn van avond niet antwoorden. Ik wilde u zoo gaarne spreken. De schulden jagen mij naar Indië, de kinderen houden mij in Europa. Je begrijpt de spanning.

Ik heb nagedacht. Ik hel over naar Rochussen, doch conditiën:

1 Resident op Java. Speciaal Passaroeang om mijn schulden te betalen.
2 Herstel van diensttijd, voor 't pensioen.
3 Een ruim voorschot.
4 Ned. Leeuw.

Doch ik zal deze conditiën niet zeggen, eerst wil ik zien wat hij biedt."

Den 22sten November ontving Dekker twee honderd gulden van zijn broêr, om zijn schuld bij den Brusselschen waard af te doen en naar Amsterdam te reizen. Den 23sten vertrok hij en kwam dienzelfden dag te Amsterdam aan.

Tot zoover de opeenvolging der feiten, die

wij thans hebben nagegaan tot het punt, waar het eerste deel der Brieven en de eerste faze van Dekker's lijdensgeschiedenis eindigt. Want, al hebben wij er niet telkens en telkens de aandacht op gevestigd, daar uit de feiten zelf genoeg het lijden bleek, dat er in gelegen was voor hem, wiens geschiedenis zij uitmaken, en daar het ons er hier vooral om te doen was, helder te doen blijken, welken indruk de vijandig gezinde familieleden en kennissen, die ver af woonden en natuurlijk alleen oordeelden naar den uiterlijken schijn der dingen, ontvingen; want, herhalen wij, geleden heeft Dekker in deze jaren waarschijnlijk meer, dan wie ook, die niet uit eigen ondervinding weet hoe hevig het doorleven van zulke toestanden menschen van Dekker's geëxalteerd temperament aandoen, zoude kunnen beseffen.

Want behalve door het, niemand buiten hem en hem zelf ternauwernood toen nog bekende, letterkundig talent, onderscheidde Dekker's persoon in de woeste levensperiode, welke wij hem hebben zien doorloopen, zich ook nog hierdoor van gewone avonturiers, dat, terwijl deze lieden zich juist plegen te kenmerken door de grijnslachende onverschilligheid, waarmede zij alle tegenspoeden doorleven, mits die hun maar geen onmiddellijke physieke pijn of ongemakken veroorzaken, — Dekker's buitengewoon zenuwgestel door dat onregelmatig en koortsachtig leven ten eenenmale werd van streek gebracht.

Maar, — en zoo keeren wij tot ons uitgangspunt terug — de feiten blijven de feiten, en niemand, vermoeden wij, die er zich verwonderd over zal betoonen, dat „de menschen" niet veel goeds, maar alles slechts in Dekkers gedragingen vonden, van het oogenblik af dat hij zijn vrouw alleen in Indië achterliet tot dat waarop zij te Brummen vertoefde en hij in Brussel geheel aan lagerwal was geraakt.

Twee zaken waren er, — dus zullen sommigen oordeelen — waardoor Dekker zich dan toch gunstig van gewone avonturiers onderscheidde en die in het oog moesten springen; te weten: zijn beminnelijkheid en edelmoedigheid, èn zijn hoogere geestesaanleg, die wel in de verste verte niet de allerbuitengewoonste hoogte kon doen vermoeden, waarop zijn talent later zou schitteren, maar waaruit toch bleek, dat hij, in den gewonen zin des woords, een begaafd man was. En deze twee zaken, — dus zal men konkludeeren — zouden het oordeel en de houding der familie hebben moeten wijzigen.

Wij zullen repliceeren met eene verwijzing

naar hetgeen wij omtrent publieke vrouwen in 't algemeen in 't midden hebben gebracht. Even als publieke vrouwen meestal enkele zeer goede eigenschappen hebben, zijn de meeste avonturiers daarvan ook niet verstoken, en de eigenaardigheid van hun bestaan, het voortdurend leven op plaatsen van openbaar vermaak, het dagelijks den heelen dag luieren in koffiehuizen, speelzalen en diergelijke, het voortdurend in aanraking zijn met gezelschappen van menschen van allerlei slag, ontwikkelt de deugden in hen, die men de eigenaardige deugden van den Gesellschafter noemen kan: de beminnelijkheid en daaraan verwante goedhartigheid en edelmoedigheid. Avonturiers b. v. zijn in 't algemeen veel goedhartiger en edelmoediger dan parvenu's, die zich met verwaande deftigheid van armen en ongelukkigen afkeeren, dan vele gezeten burgers, wier deugden eerder in spaarzaamheid, zedelijkheid, zindelijkheid en stiptheid in handel en wandel bestaan. Avonturiers: drinkers, spelers, hoereerders, gewoon hun leven te verdeelen of liever verdeeld te zien in tijdperken van weelde en losbandigheid, en van armoede en gebrek, tot gewoonte hebbend hun zóo-gewonnen geld dadelijk te verkwisten, vinden het gooien met groote sommen iets zoo natuurlijks, dat zij ook in hun aalmoezen-geven buitensporig zijn en zij even graag een tientje in de hand eens armen doen glijden, als meer bezadigde menschen daarin een kwartje zouden deponeeren. Dus de edelmoedigheid in dezen zin maakte Dekker niet tot een uitzondering onder de lieden, waarmede zijn verwanten hem gelijk stelden.

En wat de begaafdheid, het vernuftige, aangaat, ook hierin hebben vele chevaliers d'industrie het tamelijk ver gebracht. Niet alleen heeft het avontuurlijke leven, het leven van reizen en trekken, van hotels, koffiehuizen en kroegen, van spoorwegcoupé's, stoombootdekken en kajuiten, van stadstrammen en dorpsdiligences, het leven in gewesten van allerlei klimaat en aspekt, het omgaan met menschen van allerlei ras, stand en karakter, eene dagelijks gevoed wordende ongewone vatbaarheid voor indrukken in hen doen ontstaan, en een vernuftig gemak van beweging en konversatie, waardoor eenvoudige lieden worden overbluft en meer ontwikkelde aangenaam beziggehouden; maar het is of hun vernuft zich, — daar zij toch allen een vaag besef hebben van de groote lakune, het gemis aan degelijkheid, in hun leven — bij uitstek gescherpt heeft op het punt, dat het recht-praten van hun eigen kromme leven betreft.

Er bestaat bijna geen min of meer toonbaar avonturier, die u, in oogenblikken van gemoedelijkheid als zijne stem week wordt en zelfs zijn oog vochtig, niet fraai en breedvoerig weet uit te leggen, òf dat hij het slachtoffer is der vervolgingen van het noodlot, dat hij heel anders terecht had kunnen komen indien alles hem maar niet zoo ware tegengeloopen, en dat hij zich, door losbandig en onwaardig te leven, nu wreekt op de meêdoogenloosheid van het leven jegens hem; òf hij neemt de tegenovergestelde houding aan, en overreedt u, in een kunstig samengesteld pleidooi, opgeluisterd door geschiedkundige voorbeelden en spitsvondige redeneeringen, dat zijn manier van leven de slimste, de beste, de prettigste is. Zij die arbeiden en een goed geregeld maatschappelijk leven leiden, nu ja, dat zijn de sukkels, de domooren, hij en de zijnen begrijpen het leven eerst op de goede manier. Wat de geregelde lieden in een jaar tijds van hoofdbrekens en moeilijk werk winnen, — wèl, dat wint hij in éen avond aan de speeltafel. Overigens, leven de meeste aanzienlijken, de hoogst-aanzienlijken, zij die niets behòeven te doen om den broode, niet even als hij, met alleen een verschil in de onderdeelen, een verschil van minder of meer; bestaat niet het leven van vele vorsten en prinsen uit een aaneenschakeling van vermaken, van reizen en feestvieren, van dansen en jagen en eten en drinken?... Zoo zijn de redeneeringen dezer menschen.

Vele avonturiers buitendien maken een aardig gezelschapsvers, zitten vol woordspelingen en behendige replieken,

Dus, konkludeeren wij, nog de beminnelijkheid, noch wat men in den gewonen zin vernuftigheid noemt, kon ten opzichte van Dekker de oogen der menschen openen en hen in hem iets anders dan een niet van het type afwijkend avonturier doen zien.

Er kwam nog bij, — wat in dit geval een buitengewoon gewicht in de schaal legde, daar Dekkers verwanten van zijn vrouws kant tot de zeer vrome geloovigen behoorden, — dat hij in hunne schatting een brutaal godloochenaar was. Hij vereenigde dus in zich ongeveer alle eigenschappen, die hem in hunne oogen tot het afschuwelijkste individu moesten maken, wat men zich denken kan. Hij was hun tegenvoeter, in alles; en omdat hij tot hunne familie behoorde en zij dus beducht waren dat zijn leelijke reputatie ook hunnen naam zou smetten, groeide hun afkeer tot haat.

Doch wij willen dat alles slechts beschouwen

als een vraagstuk ondergeschikt aan dat andere, dat de geheele verhouding van Dekker tegenover „de menschen" beheerschte, dat de kern vormt van het groote misverstand van zijn leven, met de behandeling waarvan wij te gelijk in het tweede deel der Brieven en in de tweede faze van zijn leven komen, en dat wij in het hoofdstuk over Multatuli's reputatie reeds kortelijk hebben aangeduid.

Wij willen namelijk beweren, dat, — een waarheid die trouwens duidelijk blijkt uit de houding der familie ná het verschijnen van Max Havelaar en den door den schrijver verworven naam, — al ware de familie van den beginne af aan op de hoogte geweest van Dekker's zeer buitengewone schrijversgaven (iets, dat niets te maken heeft met het soort vernuftigheid, waarvan wij boven spraken) zij toch zich niet wezenlijk anders jegens hem zou gedragen hebben dan zij nu deed. Zij zouden hem dan misschien wel niet matroos of hofmeester op een schip hebben willen maken, maar toch zou zij zich geheel van hem vervreemd hebben en God gebeden hem nooit te mogen ontmoeten.

Voor wij nu verder gaan om deze bewering te staven en toe te lichten, willen wij den geestestoestand van Dekker zelven beschouwen, zooals die geworden was in deze jaren van wild leven buiten de Hollandsche maatschappij, om daardoor des te duidelijker te doen uitkomen het schrille kontrast tusschen hem aan den eenen en die maatschappij aan den anderen kant, dat de oorzaak werd der mislukking van zijn leven. Want zijn leven, hoe vorstelijk geslaagd een gedeelte van het thans levend geslacht het moge achten, — is mislukt in wat hij zelf er van had willen maken. Op menige plaats in zijn werk kan men het bewijs van deze stelling vinden.

Indien er een schril kontrast bestaat tusschen Multatuli aan den eenen en de maatschappij aan den anderen kant, — een kontrast ook, dat weinig minder opvallend is, wordt waargenomen tusschen Dekker's uiterlijke omstandigheden en het zelf-gevoel in zijn binnenste, in den tijd van zijn vertrek uit Indië af tot lang na het verschijnen van Max Havelaar toe. Dit zelfgevoel zou door de prikkels van buiten al grooter en grooter worden, tot hij, eenmaal in het publiek getreden, het geheel van onder zijne beheersching zal hebben verloren en het te pas en te onpas op de geweldigste wijze zal uiten.

Was hij naar het uiterlijke een avonturier, behoorde hij oogenschijnlijk tot een der **minst** eerbiedwaardige klassen van personen, — innerlijk gevoelde hij zich groot en verheven boven alle menschen, innerlijk droeg hij de wetenschap met zich, om bij de meest eerbiedwaardige aller menschen te behooren. Wel **was** hij zich in 't minst niet van letterkundige bekwaamheden bewust, wel moest zijn letterkundige genialiteit nog geheel aan hem zelf ontdekt worden, maar, juist door de weinige bepaaldheid, door de vaagheid, sterker, droeg hij het bewustzijn in zich om een kracht, een grootheid, datgene wat iemand een groot man maakt, eene groote en schoone ziel, te bezitten.

Nu, met de kracht van de verontwaardiging, met de kracht van het protest, groeide tegen de verdrukking in, tegen de verdrukking van den uiterlijken schijn in, het zelfgevoel in zijn binnenste, dat later tot zelf-verheerlijking uitdijen zoude, en hoe lager hij zonk hoe hooger hij zich gevoelde.

Hij was voortdurend onder vreemdelingen en kon aan niemand openbaren wat er in hem omging. Hieraan moet het worden toegeschreven, dat de zelf-verheerlijking in hem vastgroeide hoe langer hoe hechter, en voor goed onuitroeibaar zou worden. Hij was geheel alleen, van allen verlaten, daarom klemde hij zich met alle macht vast aan den eenigen steun die hem overbleef: het geloof aan zich zelf.

Nu, nu dit zoo was, nu allen hem hadden verlaten, nu hij door iedereen voor een ellendeling werd gehouden, nu de menschen en de omstandigheden, nu de geheele wereld om zoo te zeggen tegen hem was gekeerd en hem verachtte, — nu, zoo kan men zich het spreken der stem in zijn binnenste voorstellen, nu zou hij ook álles doen en álles zijn, nu zou er ook niets zijn wat hij niet bereiken zou, nu zou hij tot de hoogste hoogte klimmen, waartoe ooit menschen waren gekomen, neen, hooger nog, de grootste droom, die ooit het onderwerp van menschelijke eerzucht was, zou hij verwezenlijken.

Wie of wat hem daartoe in staat stelde? Wel hij, hij zelf, zijn kracht, zijn eigenschap van de grootste aller menschen te zijn, was 't die hem er toe in staat stelde. En wat dan de nadere aanduiding was van wat hij eigenlijk doen zou? Wel, hij zou zijn land tot het beroemdste der landen, hij zou zijn volk tot het gelukkigste der, tot een voorbeeld voor alle volken maken, en zijn gezin zou hij uit de diepste ellende tot de hoogste sport van eer en aanzien voeren....

Zoo bruiste en brandde het in zijne gedachte.

Het resultaat was, dat hij een schoon letterkundig werk maakte. Nooit heeft hij een zweem van het vermoeden gehad, dat zijn zelf-gevoel, zoo ongekontroleerd, zoo in 't wilde weg als het was, uit niets anders bestond dan uit de universeele grootheidsfantazieën die menschen met veel artistieken aanleg niet zelden in zich omdragen, en die geheel verkeerd uitkomen zoodra zij ze bij vergissing eens in de werkelijkheid beproeven toe te passen.

Gelijk bekend is, wilde hij later van de letterkundige schoonheid van Max Havelaar niets hooren. Want, — zoo droomde hij, — een boek, dat daar voor u ligt, een stapel papier; en.... woorden van lof daarover uit de monden van menschen, van eenige in burgerkleêren gestoken menschen, die men zoo nu en dan ontmoet, en voorts in de kolommen van dagbladen, op de bladzijden van tijdschriften, regels van zwarte letters op wit papier, — wat was die realiteit in vergelijking met die, welke een buitengewoon mensch van zijn grootheid omgeven moest! Wat hadden díe zaken uit te staan met de heerschappij en de glorie, die hem wachtte, hem, Multatuli, den éersten man eener natie, den wereldhervormer, den machthebber, die zich al zag gedragen in een gouden draagkoets met purperen gordijnen, voorafgegaan van muzikanten en zonneschermdragers in scharlaken livrei, met een gevolg van militairen in schitterende uniformen, omgeven, op eerbiedigen afstand, van de menigte des volks, hoogen en lagen in aanzien en stand, die allen hem bewonderende blikken toewierpen en hem liefhadden als hun weldoener en de beschermheer hunner landen. Wat was er voor verband tusschen die onnoozele kleinigheden en hem, den toekomstigen vorst, den onderkoning, die in marmeren paleizen het rijke Insulinde zou bewonen, nadat hij Amsterdam tot de hoofdstad der wereld zou hebben gemaakt, die in gebeeldhouwde ledikanten onder troonhemels 's nachts zou slapen en bij dag loopen over kostbaar ingelegde vloeren tusschen zijn onderdanigen hofstoet, die des avonds schitterende feesten zou geven, waarop hij de hoogstgeplaatsten des lands zou nooden en hun dan wel genadiglijk een oogenblik te woord zou willen staan. Hij zag zijne zalen reeds prachtig verlicht, stralend van weelde, gevuld met vrouwen in satijnen gewaden en in bloementooi, gevuld met mannen, wier borsten glinsterden van ridderkruisen. En rondom in den lande, tot zoover zijn gebied reikte buiten de balustraden zijner parken, zou nergens gemor zijn in de woningen der lagere bevolking en geen nijdigen blik zou hij ooit in de oogen van den minsten zijner onderdanen zien flikkeren, want zijn edel en wijs beleid zou allen gelukkig hebben gemaakt.

Dat alles voorzag hij reeds, als, op het geroep van zijn alvermogende stem, het rechtsgevoel der natie ontwaakt zou zijn en zij als één man zou zijn opgestaan om het bittere onrecht den edelsten harer zonen aangedaan schitterend te wreken.

Dat alles voorzag hij, en, als hij om zich heen keek, wat?... Een armelijke kamer, eenige brieven met volzinnen van ingenomenheid, een stad, waar bijna niemand op hem lette, op de enkelen na, die hem met verbazing bekeken of met sympathie begroetten en verder gingen.... Het was om krankzinnig te worden.

Deze geestestoestand van Dekker heeft op al het werk van Multatuli zijn stempel gedrukt.

Beschouwen wij thans de appreciatie, welke de maatschappij, de maatschappij grosso modo, voor personen als Dekker heeft. Wij spreken dus niet van het betrekkelijk kleine gedeelte der maatschappij, dat hooger intellektueel en artistiek ontwikkeld is en een bijna uitsluitende vereering koestert voor het talent in den mensch. Dit gedeelte integendeel zonderen wij nadrukkelijk uit, en spreken dan voor 't overige van de maatschappij in 't algemeen, in haar geheel, met al hare standen en graden van ontwikkeling.

De kunst dan staat niet zoo allerhoogst aangeschreven bij die maatschappij. Het gevoel van Lodewijk den XIV[den], de inkarnatie en verpersoonlijking van het begrip „aanzienlijkheid" in de maatschappij, voor Molière b.v., dien hij zonder twijfel voor den grootsten blijspeldichter zijner eeuw hield, en dien hij, ten blijk daarvan, tot den rang van hof.... kamerdienaar bevorderde, — dat gevoel leeft, hoezeer ook door de veranderde toestanden gewijzigd en in andere vormen zich openbarend, nog steeds voort in de hoogere standen, voor zoover althans hunne kerkschheid de kunst niet geheel en al tot een verboden artikel voor hen maakt. De vorsten en prinsen, en in hun gevolg de geld-aristokraten, en in dier gevolg wederom de deftige en minder deftige burgerij, beschouwen de kunstenaars nog altijd min of meer als de lieden, wier taak is hun amusement te verschaffen, hun eenigen tijd aangenaam of lachwekkend bezig te houden, die zij daarvoor betalen, de musici en muzikanten om hun gehoor streelend aan te doen als zij aan tafel zitten en zelf de zorg voor het genot van hun verhemelte op zich hebben moeten nemen (diner), en om hun het dansen gemakkelijk te maken (bal), om hun een voorwendsel te geven bijeen te komen, de dames om elkanders toiletten te bewonderen en te benijden, de heeren om deze dames te courtiseeren en elkander hun dekoraties of andere voornaamheid te toonen (soirée, koncert); de schilders, zoo al niet om hun woningen fraaier te verven dan rijtuigschilders daartoe in staat zijn, dan toch om hun wanden te behangen met kostbaarder voorwerpen dan Delftsch aardewerk of gobelintapijten; de letterkundige kunstenaars, ja, het moet gezegd worden, dat deze nog het minst in aanzien staan.

Vroeger had men aan de hoven den nar, dien geestigheden te zeggen, den poëet dien de cither te bespelen en roerende liederen te zingen of te deklameeren als hunne taak was opgedragen. Zij waren de bedienden, die met de zorg voor het humeur van den vorst en zijne omgeving waren belast, zooals anderen in de keuken, met de zorg voor zijn maag, anderen met het reinigen en optooien zijner vertrekken belast waren. Heden ten dage treft men, in gewijzigden vorm, hetzelfde verschijnsel aan, als de gastvrouwen op hunne soirées een dichter noodigen om het gezelschap wat van zijne verzen voor te dragen en de liefhebberij-vertooning van een zijner tooneelstukken te leiden. Maar dat deze gezelschappen, de dragers der algemeen maatschappelijke opvattingen, den dichter bepaald als hun meerdere beschouwen om zijn talent, hem als zoodanig de voornaamste plaats in hun midden aanbieden, hem eeren en eerbiedigen, dit komt niet voor.

O zeker, er zijn vele uitzonderingen op dezen regel. Het gebeurt wel, dat menschen, vooral dames, dwepend ingenomen zijn met een schrijver en hem om zijn talent boven andere menschen stellen in hun hoogachting, dat vermaarde auteurs aan middagmalen worden genoodigd en hun de eereplaats aan de zijde der gastvrouw wordt aangeboden. Deze laatste gevallen zijn vooreerst zeldzaam, in de tweede plaats geldt de eer aan den auteur bewezen veeleer zijn roem, zijn vermaardheid, en — dit is een gewichtig punt — de k a r a k t e rdeugden, die hij moet bezitten naast zijn talent om zich tot zulk eene vermaardheid te hebben kunnen opwerken.

In het algemeen kan men zeggen, dat in de maatschappij, in haar geheel genomen, het letterkundig talent a n u n d f ü r s i c h zeer weinig in aanzien staat, en dat het talent in een persoon zonder karakter zelfs in het geheel niet wordt geëerd.

„Nu ja," — dacht of zeide de maatschappij van Douwes Dekker, toen, wat wij zijn enorm talent noemen, eenmaal gebleken was, „nu ja, veel talent, veel „macht over de taal," maar overigens een man zonder karakter, een slecht mensch, die zijn talent misbruikt in dienst der booze neigingen van zijn hart. Wat heeft men aan een talent, wat beteekent al talent, indien het niet gebruikt wordt in dienst van God of van de maatschappij, om er ernstige en stichtelijke werken mede tot stand te brengen. En wat is een man waard, welke aanspraken kan een man op onzen eerbied doen gelden, indien hij al mooie boeken schrijft zoo hij zelf door zijn leven een slecht voorbeeld geeft aan zijn medemenschen".

Dus luiden de typisch maatschappelijke redeneeringen over het talent. Men ziet, wij zijn hier ver van de meer artistieke opvatting, die het talent als de hoogste en alles overheerschende eigenschap beschouwt, die het spreekwoord huldigt „le talent excuse tout."

Ver ook, ja lijnrecht tegenover, de verwachting, waarmede Multatuli als erkend talent-vol man het openbaar leven in de maatschappij betrad.

Hij ondervond dus twee ontgoochelingen, die hem des te heviger aangrepen, naardien in zijn geëxalteerden toestand zijne verwachtingen zich hooger hadden gespannen. Hij werd niet tot onderkoning onmiddellijk verheven; maar de maatschappij, zijn talent nu kennend, behandelde hem zelfs in veel opzichten als een gewoon medeburger, wiens karakter door velen gewogen en te licht bevonden werd.

Dit was te veel voor zijn zoo licht ontvlambaar en nu ontvlamd gemoed. Zoolang hij nog niet getoond had wie hij was, zoolang hij zijne ziel nog niet had geopenbaard, kon hij ten minste nog denken, als hij zat te peinzen over al zijne vernederingen: ja, wacht maar, wacht gij lieden maar, ééns zal ik u beschamen en de wereld versteld voor mij doen staan, eens zult gij allen naar mij opzien als ik mij boven u allen zal hebben verheven.

Doch nu kon dat niet meer, nu ontzonk hem ook de laatste hoop en troost, in 't groote namelijk, waartegen de verbetering van zijn levenstoestand in 't kleine niet kon opwegen.

Hem bleef niets over dan groote, woedende bitterheid. Uitlatingen als die in zijne Ideën, waar hij de geheele natie nu voor een troep schelmen uitmaakt, waren van deze bitterheid de openbaringen.

Openbaringen van dien alles beheerschenden wrevel waren ook zijn zonderlinge en heftige handelwijzen tegenover bijzondere personen. Zijn prikkelbaarheid had haar toppunt bereikt.

Beschouwen wij met onpartijdige bedaardheid zijne houding tegenover zijn broeder Jan Dekker, zooals die vooral in het tweede deel der Brieven uitkomt. Aan dien broeder had hij voor zoover uit de zeer volledige gegevens, die nu tot ons gekomen zijn ten duidelijkste blijkt, groote verplichtingen, terwijl niets er op wijst, dat die broeder ook aan hem, Eduard, iets te danken zoude hebben gehad. Het geld, waarvan Dekker te Batavia leefde in 1857, vóór hij naar Europa vertrok, zal hem wel grootendeels door dien broeder zijn verstrekt; het was dezelfde broeder, die te Rembang Dekker's gezin bij zich noodde toen hij eindelijk op reis ging, dezelfde, die, in het voorjaar van 1858, Dekker's rekening over zeven maanden in het Brusselsche logement betaalde, zeer waarschijnlijk was 't dezelfde gulle man, die hem in staat stelde in dat zelfde jaar verder naar Cassel te komen en daar hem van het noodige voorzag (al kwam Dekker er niet mee toe, zoodat hij te Cassel andere schulden maakte); dezelfde die, in het voorjaar van 1859, de passage van Dekker's vrouw en de haren naar Europa bekostigde; dezelfde die gedurende de tweede helft van 1859 aan Dekker's gezin weder een gastvrij dak bood op zijn buitengoed te Brummen; dezelfde eindelijk, die in November 1859, voor de tweede maal zijne logementsrekening te Brussel voldeed en hem in staat stelde naar Amsterdam te komen.

Indien men in het oog wil houden, dat de meeste dezer gewichtige diensten door den heer Jan Dekker aan zijn broeder bewezen werden, in een tijd dat deze van zijn hoogere gaven nog niets had doen blijken, terwijl de heer Jan over de handeling van Dekker's ontslag-nemen geen ander gevoelen kon hebben dan hetgeen wij als het algemeen gevoelen der menschen hebben leeren kennen, — dan zal ongetwijfeld een ieder van meening zijn, dat de heer Jan Dekker een bijzonder goedhartig en edelmoedig mensch was, Eduard in hem een voortreflijk en benijdenswaardig broeder bezat; en het jammer vinden, dat Eduard zich niet in deze kleinigheid meester kon blijven, dat hij zóó'n broeder ten minste dan alléén in aanraking liet komen met de beminnelijke zijden van zijn karakter (waar hij elders, naar wij lezen, zoo mede te woekeren wist,) zorgvuldig de minder aangename kanten voor hem verbergend, opdat hij zich daar aan niet stooten kon.

Reeds uit Brussel schreef Dekker aan zijn vrouw over zijn broeder als over iemand, die eigenlijk verplicht was hem te onderhouden. „Voor de tiende maal vraag ik u: hoe denkt Jan toch dat ik leef" (dl. 1, blz. 133) enz. Reeds in dien tijd, dus vóór het verschijnen van Max Havelaar, is Dekker verbitterd tegen of allerliefst voor zijn broeder in zijn uitlatingen. Toen de heer Jan zoo ingenomen was met Max Havelaar, dat hij in handschrift gelezen had, en Eduard in staat had gesteld naar Amsterdam te komen, was het tusschen hen tweeën al „botertje tot den boôm" en schrijft Dekker aan zijne vrouw (dl. 2, blz. 11 en volgende):

„Beste beste Tine! Heerlijke tijding! Van avond hier gekomen. Jan opgezocht in de Variété. Hartelijk en verzoend, en ik kom meê naar De Buthe......" „Hartelijke ontmoeting, verzoening, afspraak om niet meer te kibbelen" (tusschen de broeders)... „Jan heeft mij een mooie overjas gekocht"...

Spoedig doet de heer Jan echter al weder dingen, die den opgewonden Douwes mishagen: „Wat de zending van Jan naar Rochussen aangaat, ze is compleet mislukt. Toen hij (maar ik vrees niet op de goede manier) gesproken had over Raad van Indië, was R. opgesprongen. Dát kan mij niet schelen, maar wat me wel kan schelen is dat Jan zelf die mij, na mijn uitlegging, had toegestemd dat dit de eenige wijze was om mij te herstellen, nu ook vond dat ik te veel vraagde. Dus alweer de ambassadeur die zijn eigen zaak verlaat.

Van morgen wou hij dat ik vragen zou om directeur te worden van eene school te Batavia. Dat was juist iets voor mij, zeide hij en dan was zijn contract gesauveerd! Hij drukt gedurig op zijn contract dat door mijn hoofdigheid, door mijn te veel vragen kon geknepen worden."

Mevrouw Dekker teekent hierbij aan, dat de heer Jan een tabakskontrakt had in Rembang (dat gevaar scheen te kunnen loopen).

Dekker vervolgt: „Ik laat me niet buigen. Noch door Fuhri (den 's Gravenhaagschen hôtelhouder), noch door geldgebrek, noch door schijnbare schande, noch door Jan. Als jij me afviel zou ik buigen, maar dat kan niet."

Betrekkelijk geruimen tijd blijft nu de verhouding tusschen de twee broeders zoo goed als men maar wenschen kan. Een enkele maal krijgt de heer Jan nog een standje omdat hij niet spoedig genoeg geld zendt, maar de vriendschap wordt niet verstoord. 16 Juni 1860, schrijft Dekker, die toen toevallig in Rotterdam was: „Begrijp eens, Jan is hier, en alles heel wel. God geve dat het zoo blijft," en dd. 17 Juni: „Jan is van morgen vertrokken. Wij zijn tot het laatst wèl gebleven. Hij is uiterst ingenomen met het éclat van M. H., en spreekt er gedurig van. Het is of hij voelt dat hij mij een beetje respecteeren moet, omdat de menschen zoo hoog met mij loopen, en ik dus een soort van renommée van den dag ben." 18 Juni (Dekker's gezin was toen in Brussel, hij zelf in Amsterdam) begint hij een weinig ontevreden te worden tegen den heer Jan: „Jan had wel uit den hoek mogen komen. Maar neen! Allerlei vertellingen over donkere toekomst, enz." Er is echter eene verontschuldiging: „Nu ontken ik niet dat thans bij de intrekking van den Vrijen Arbeid de zaak beroerd wordt".... Op 2 Juli hoopte Dekker dat de heer Jan geld zou zenden, de geest was goed."

16 Juli was Dekker naar Spa gereisd, plotseling naar het schijnt, en bevond zich daar weer aan de speelbank. Hij schrijft zijn vrouw te Brussel, hem duizend francs te zenden. 22 Juli was hij weder te Amsterdam terug en bericht zijn vrouw de ontvangst van haar brief, waarin zij hem van haar vergeefsche reis naar „Uccle" verhaalde. De uitgeefster der Brieven heldert dit geheimzinnige woord op, door als haar stellig vermoeden te kennen te geven, dat Tine óok naar Spa was geweest en daar haar geld had verloren. „In zijne en hare omstandigheden vond Multatuli zoo'n tochtje zoo al niet positief goed dan toch zeer verschoonbaar." Om echter de zaak verborgen te houden, ging hij zoover in zijne voorzichtigheid van het woord Uccle, den naam van een dorpje bij Brussel, te gebruiken, als pseudoniem voor het woord Spa.

In den loop der korrespondentie vernemen wij nog eenige malen, dat Dekker den heer Jan verzoekt geld te zenden, zijne vrouw „boven water te houden," enz. De heer Jan ging voort hem onophoudelijk bij te staan. Hij deed bijna alle démarches bij den minister Rochussen, bij vrienden, bij allerlei personen, die Dekker moesten helpen zijn doel te bereiken. In een **niet** gedateerden brief, van Augustus 1860, blijkt echter dat de heer Jan het weder bijna geheel bij zijn broeder verkorven heeft. Deze schrijft aan T i n e : „Ik ga nog eens aan Jan schrijven en zal probeeren hem uit te leggen dat ik geen partij kan dienen,..." enz., verder: „In het briefje aan Jan dat je mij toezendt komt voor dat hij zoo blijde is dat ik wil treden in de voorstellen. Ook aan mij heeft hij iets dergelijks geschreven! Hij schijnt dus van het komplot te weten en er aan getwijfeld te hebben dat ik de voorwaarden zou aannemen. Na mij sedert weken te hebben opgehouden met praatjes komt nu de zaak neer op eene schandelijke omkooperij. 't Is infaam!"

Het komplot en de omkooperij, waarvan hier sprake is, hebben betrekking op de pogingen, die de staatkundige partijen aanwendden om Dekker in hunne gelederen op te nemen. Dat hij niet wilde weten van de enkel letterkundige verdienste van M a x H a v e l a a r, omdat het boek alleen als een pleidooi in een zaak, een zaak van landsbestier, moest beschouwd worden naar zijne opvatting, — en dat hij tévens weigerde in de praktijk te treden en zich aan te sluiten bij eene partij, die de wijze van bestuur voorstond, die ook hij zelf de beste achtte, — kwam iedereen, dus ook den heer Jan, onbegrijpelijk voor. Ons is het nu wel duidelijk, wat Dekker wenschte: dadelijk eene invloedrijke positie, maar daar nog nooit iemand op die wijze daartoe gekomen was, begreep men niets van deze ongeziene wijze van denken en handelen. De heer Jan wilde, om velerlei redenen, zijn broeder zoo spoedig mogelijk uit den nood geholpen zien. Reeds bij den aanvang der Havelaar-zaak had hij aan Eduard geschreven: „om godswil, verschop niets." De heer Bekking had „het masker" afgeworpen en „medewerking aan zijne partij, dat is de tabakskontrakten" als voorwaarde voor hulp bedongen. Van zulk een overeenkomst wilde Dekker niet weten.

Eene brouille tusschen Dekker en den heer Jan had tegen het eind van Augustus plaats.

Hij schrijft (d°. 27 Aug.)„.... Ieder is meer dan beleefd... behalve Jan. Hij is hier, en na het ontmoeten dat eerst vriendschappelijk was, begon hij, of wilde hij weer beginnen te schelden.

1°. Omdat ik niet had toegegeven in de voorstellen van Bekking.

2°. Omdat ik aan Cath. en Sietske wat papeterie had cadeau gedaan.

't Was in het café restaurant. Veenstra was er bij.

Ik stond dadelijk op en ging heen. Ik heb hem door Abrahamsz laten zeggen dat ik niets meer met hem wil te maken hebben, en dat ik hem verbied zich met mijne zaken te bemoeijen. Uit!"

In een daarop volgenden brief schijnt hij de ware toedracht der zaak weêr vergeten te *zijn*, want hij schrijft: "De hoofdzaak is dat Veenstra inziet dat Jan verkeerd doet mij in den steek te laten". Of hij moet de verwijten door den heer Jan hem gedaan gelijk gesteld hebben met een "in den steek laten." Verder in denzelfden brief schrijft hij, na van het steeds toenemend succes van Max Havelaar te hebben gewaagd: "Maar heb ik nu ook niet gelijk dat ik het schelden van Jan niet meer verdraag? Bodenheim (die N.B. een woekeraar is) is beleefd en zelfs hartelijk, en mijn eigen broer is grof. Ik ben er dan ook glad overheen en verdraag het niet meer."

In een lateren brief, van 28 September, heet het: "Als ik aan zoo iets (het schrijven in den Tijdspiegel om geld te verdienen) denk, kookt het mij dadelijk tegen Jan. Die had mij voor zoo iets moeten vrijwaren. Kassian, ik hoor nu bepaald dat ze met Mei in Den Haag gaan wonen, die arme menschen! Liefje, ik vind niet goed dat je aan Mary (de echtgenoot van den heer Jan) schrijft. Het zou schijnen alsof ik weer wou aanknoopen, en dat wil ik niet. Je weet niet hoe Jan mij traitert. Ik had aan de meisjes A. wat papeterie gegeven (dat hij mij in een koffiehuis verweten heeft) en kort daarop kreeg ik van Kees (vader der meisjes A[brahamsz]) een briefje met verzoek aan zijne kinderen geen geschenken te geven „wijl ik mijn geld beter besteden kon aan mijn vrouw en kinderen." Dat had Jan mij bezorgd. Ik noem zoo iets vervloekt laag.

De zaak staat zoo dat ik niet den minsten twijfel heb om te slagen, als ik maar van die vervloekte dagelijksche zorg bevrijd was. Zoo'n Jan die in den Haag gaat wonen. Hij kan zijn geld beter aan mij besteden. Maar dat is nu uit. Al wilde hij nu, nu ben ik er moe van."

D°. 20 Oktober lezen wij nu over deze zaak: „En nu Jan! Ik ben er regt verdrietig over. Heden nog schreef ik aan Pieter: „Met Jan wil ik niet meer te doen hebben! Daar blijf ik bij. Dat weet je, en je gaat met hem naar de opera. Hij heeft mij in een publiek koffiehuis... (enz. over de papeterie) — dat was ZIJN geld! En nu neemt gij geld van hem aan! Ik moet er nu rijp over denken hoe te doen..... (nog lang wordt hierover uitgeweid).... moet ik nu de eerste keer dat ik Jan ontmoet — maar 't zal niet gebeuren! — hooren dat je van zijn geld naar de komedie bent geweest? Je wist toch alles. Tine, Tine! Hoe kon je zoo doen! 't Was mij wel fr. 500 waard geweest als je gezegd hadt:

„Jan, na alles wat er is voorgevallen heb je het regt verbeurd ons te helpen!"

Wij zullen de laatsten zijn om de handeling van het verwijt omtrent de kleinigheid van het papeterie koopen, in den heer Jan een voorbeeld van delicatesse te noemen, maar de heer Jan was in 't algemeen ontstemd tegen zijn broer omdat deze zich niet bij de partij-Bekking c. s. wilde aansluiten, en verborg daarom ook deze kleine grief niet. Niets zeldzamer dan zóó edele en kiesche menschen, die diensten bewijzen en zich zoo gedragen als deed degene, wien zij bewezen werden, hun een weldaad door ze aan te nemen. Zulke menschen bestaan, maar behooren tot de groote zeldzaamheden en er is niet de minste reden, om er den heer Jan een verwijt van te maken, dat hij het zoo buitensporig ver niet gebracht had in zeldzaamheid van karakter-deugden. Trouwens, daar moet dan ook van den anderen kant eene hoffelijkheid en bescheidenheid in het aanvaarden der diensten tegenover staan, die Eduard Dekker zelf nagenoeg vreemd schijnt geweest te zijn. De zinsnede, waarin Eduard schrijft, dat Jan (die reeds zooveel voor hem gedaan had) beter zou doen zijn geld aan Eduard te besteden dan er voor in Den Haag te gaan wonen, is karakteristiek en licht zoo goed als wij maar wenschen konden de trekken onzer karakterschets toe, waar wij, in verband met de algemeene appreciatie van kunst en talent in de maatschappij, Multatuli's ontgoocheling bespraken over het feit, dat men hem in vele opzichten als een gewoon sterveling bleef behandelen.

Van de verhouding tusschen de twee broeders vernemen wij verder in de tot nu toe verschenen deelen der korrespondentie niets. Waarschijnlijk zal die wel steeds geen effene, doch eene geaccidenteerde verhouding zijn gebleven van brouilles en verzoeningen.

*
* *

Welk een verschil tusschen het eerste deel Brieven en het tweede deel in 't algemeen! Een verschil dat in den text der gedrukte bladzijden uitkomt met de helderheid der twee schril kontrasteerende levensperioden zelf. Is het eerste deel vol van het diepe leed, in de stilte van het Brusselsche zolderkamertje, als in een kloostercel, gedragen, waar Dekker's leven slechts zeer weinig uiterlijke afleiding vond in den omgang met zijn enkele plebejische vrienden daar uit de buurt; nemen wij in het eerste deel Dekker waar, — onder den zwaren druk van het wreede leven, dat hem daar opgesloten hield, — in een tête-à-tête met zijn smart, waarin hij zijn talent als een lijdensbloem zag ontluiken; — het tweede deel voert hem en ons plotseling als in de drukte en in het gekrioel van een marktplein; het is of er in den stijl der Brieven iets is doorgedrongen van het gedruisch op de Botermarkt, waar Dekker boven den winkel van Lobo, den Israëlietischen boekverkooper, die ook met een „stalletje" op de markt zelf was geposteerd, zijn kamer had en zijne geschriften samenstelde. Uit de eenzaamheid is hij met de grootste snelheid midden in het woeligste maatschappelijk leven overgeplaatst. Van onbekend is hij als met tooverslag beroemd geworden, van geschuwd gezocht, van geminacht hoog-geprezen. Hij komt in betrekking met de staatkundige partijen, de eene trekt hem hier, de ander daarheen; binnen eenige maanden tijds worden dertien honderd exemplaren van zijn Max Havelaar verkocht, overal waar hij zich vertoont, op straat, in hotels, in publieke vermakelijkheden, wordt hij met belangstellende nieuwsgierigheid bekeken, vreemden spreken hem aan, een onbekend meisje in het park, bij eene muziekuitvoering, komt hem haar handje reiken; van links en rechts wordt hij uitgenoodigd om lezingen te komen houden, tijdschrift-redaktiën en uitgevers schrijven hem, komen hem opzoeken, telegrafeeren hem, loopen hem na om eenige bladzijden van zijn hand voor hun orgaan of hun drukpers machtig te worden. De uitgever Thieme wil al aanstonds zijn partikuliere briefjes uitgeven, waarmede hij uitstekende zaken denkt te maken, de bezadigde redakteur van het Nederlandsch-Indische tijdschrift verzint totaal ongebruikelijke opschriften om boven de bijdrage van Dekker te plaatsen, die hij wenscht op te nemen: „Van den genialen Multatuli" zal hij er boven zetten. Kortom het is, zooals Dekker zelf in de Brieven schrijft, een „rage".

De persoon met wien Dekker nu in de eerste plaats te doen kreeg en met wien hij in belangrijke betrekking zou blijven gedurende het geheele tijdperk, dat wij in het tweede deel der Brieven afgespiegeld vinden, was de heer mr. J. van Lennep, rijks-advokaat, een der leiders der oud-konservatieve partij, Amsterdamsch patriciër, dien wij in zijn hoedanigheid van romanschrijver reeds in het tweede hoofdstuk een oogenblik ter sprake brachten. Tusschen de menigte menschen, die wij, als wij in onze verbeelding een résumé vormen van Dekker's leven uit dezen tijd, hem zien omringen, staat Van Lennep vooraan; op hem valt het meeste licht. En geen wonder! Van Lennep toch bezorgde de uitgave van Max Havelaar, stelde Dekker in de gelegenheid de eerste helft van 't jaar 1860 met zijn gezin als een rustige tusschen-periode door te brengen, en bleef voortdurend met hem in relatie over financiën en andere, wellicht nog gewichtiger, de uitgave rakende zaken. Wij zullen deze geschiedenis, als zijnde een der belangrijkste perioden in Dekker's leven, volgen zoo als de Brieven ons geleidelijk met haar bekend maken. Er zal onder meer nog een deel Brieven verschijnen, getiteld: Multatuli en Busken Huet. Nu, met evenveel recht, had de uitgeefster dit, tweede, deel, kunnen betitelen: Multatuli en Van Lennep.

*
* *

Den 23sten Nov. 1859 reisde, gelijk wij gezien hebben, Dekker voor het eerst van Brussel naar

Amsterdam. Reeds had hij van den heer Jan vernomen, dat Van Lennep met Max Havelaar, door Van Lennep na Tine en Jan, als de derde begunstigde, in handschrift gelezen, uiterst ingenomen was. Van Lennep had aan Van Hasselt geschreven: „In weêrwil van de bleeke inkt, klein schrift, donkere lucht en toenemende verzwakking mijner oogen, heb ik het boek verslonden, „pectus est quod disertos facit" en „facit indignatio verbum" worden ook hier bewaarheid... 't Is een meesterstuk, met zijn gebreken, of neen, de gebreken waarover ik klagen zou, zoo 't een gewonen roman gold, geven in dit werk juist iets meer eigenaardigs, meer verrassends, meer schokkends aan 't verhaal. 't Is bl.... mooi, ik weet het niet anders uit te drukken." De heer Jan had aan Eduard geschreven, toen hij hem deed overkomen: „Hij (v. L.) wil met handen en voeten uwe zaak voorstaan, en verzekerde mij onuitgenoodigd dat hij al zijn invloed in uw belang zal aanwenden. Hij zeide mij zijn zoon (aspt. ambt. eerste klasse) met een en ander bekend te hebben gemaakt, en hem gezegd te hebben: „Ik wenschte mij die zaak aan te trekken met klem, maar misschien zal men later u daarvoor donderen." Zijn zoon antwoordde: "Pak het aan.""

De eerste brief, dien Dekker uit Amsterdam schreef, aan zijn vrouw, bevatte deze hoopvolle zinsnede: „Morgen tien uur naar Van Lennep, die volgens Jan, dol ingenomen is met mijn zaak, en mij absoluut wil helpen. Dus heerlijke vooruitzigten." En in den tweeden, na het bezoek bij Van Lennep, heet het: „Maar Van Lennep! Daar ben ik geweest, en ik kan je niet uitdrukken hoe die man mij ontvangen heeft. 't Is kompleet een schadeloosstelling voor al de miskenningen. Nooit had ik op zooiets durven hopen..." enz.

Dekker begon dus Van Lennep te beschouwen, en Van Lennep begon zich ook werkelijk te gedragen als: Dekker's beste vriend. In een brief van 6 Dec. 59 lezen wij dat De Bull, met wien Dekker ook in konnektie kwam, na den plotseling voorgevallen dood van het Kamerlid Stolte, Dekker in diens plaats wilde doen verkiezen, en dat Van Lennep zelfs zoover gegaan was op eigen houtje over Dekker te spreken met de kiesvereenigingen. Als de voormalige minister Baud, dien ook Dekker zeer waardeerde, zich bij die gelegenheid niet ook kandidaat had gesteld, zou Dekker kamerlid of althans kandidaat zijn geworden. Hij had dit trouwens alleen willen worden om R[ochussen, den minister] te dwingen hem Raad van Indië te maken (zie 2e dl., blz. 20). Ten dien einde, om Rochussen te doen voelen dat hij wakker was en werkte) schreef Dekker toen ook een paar staatkundige dagbladopstelletjes, die 9 en 10 December in de Amsterdamsche Courant verschenen en onderteekend waren: „Eduard Douwes Dekker, op verzoek eervol ontslagen Assistent-Resident." Wij lezen in dezen tijd van de korrespondentie niet anders dan dat De Bull, Tydeman en vooral Van Lennep dagelijks voor Dekker in de weer waren. Dato 8 Dec. lezen wij: „Gister zond ik een brief aan V. L., en hij, die een perfecte kerel is, zond dien aan R[ochussen] met een flink bijschrift. Hij zegt: „pas op, vriendje, ik verzeker je dat D. D. een man is, en als je hem wat lang laat wachten maak je hem ongeduldig en dat raad ik je niet aan.""

Van Lennep, Hartsen en De Bull (Amsterd. Courant) en Tydeman (Handelsblad) vertegenwoordigende de twee staatkundige partijen, wilden allen Dekker in de kamer hebben. Daarop stelde Baud zich op de rei, aan wien de eerstgenoemde partij zedelijke verplichtingen had en dien zij dus, vóór alles, nu moesten steunen. Tydeman was echter tegen Baud en wilde Dekker als den tegen-kandidaat poseeren. Daar Tydeman echter door Van Lennep zelf zoo voor Dekker was opgewarmd, vond Dekker het onedelmoedig door met Tydeman mede te gaan Van Lennep in het vaarwater te zitten. Hij kon dit dus niet doen.

Reeds bij dezen brief, van 8 December 1859, biedt de uitgeefster ons een exposé van den toestand, waarop al deze zaken betrekking hebben.

Van Lennep was een der leiders van de konservatieve partij, waartoe ook de minister Rochussen behoorde. Door het ministerie, waarvan ook Rochussen deel uitmaakte, was juist nu echter een spoorwegwet voorgesteld, waar de Amsterdammers, met o. a. Van Lennep aan 't hoofd, sterk tegen waren. Van Lennep en De Bull met zijn Amsterdamsche Courant ageerden dus tegen het ministerie. Toen de zaken juist zóó stonden, kreeg Van Lennep het handschrift van Max Havelaar in handen. Hij begreep terstond de portée van dit werk en welke waarde het als wapen in het arsenaal der ministeriebestrijders hebben kon. Van Lennep's ingenomenheid met Max Havelaar op zich zelf was oorspronkelijk oprecht. Maar, „hetzij dan gaandeweg, hetzij reeds terstond" zegt de uitgeefster der Brieven, kwam bij Van Lennep de gedachte op, Max Havelaar vooral als strijdmiddel tegen het ministerie te gebruiken. De uitgeefster gebruikt niet het woord „vooral" maar uit haar toon valt op te maken, dat zóó toch haar bedoeling is. Wij zijn het daarmede niet eens. De bespiegelende ingenomenheid van Van Lennep met Max Havelaar kon zeer goed met zijn inzicht in het praktische nut, dat het boek voor hem en de zijnen hebben kon, samengaan, zonder dat het éene in zijne waardeering zwaarder woog dan het andere. Maar verder is de voorstelling, door de uitgeefster aan de zaak gegeven, naar ons voorkomt juist, — tot aan de eindkonklusie. Zij zegt dan, dat Van Lennep, die volgens Dekker's beschrijving een joviaal, aangenaam mensch was, schik had in den strijd en er dus een soort van schalk genoegen in vond den minister Rochussen uit de verte met dat boek, den M. H., te dreigen. Maar zijne partijgenooten vermaanden hem tot kalmte en ingetogenheid. Vooral zijn schoonzoon Hartsen, deftig man van den eersten graad, lid der Eerste Kamer, van wien de uitgeefster eenigszins ironisch vermeldt, dat hij „ontzaggelijk ingenomen" met Max Havelaar was, maar ondertusschen het manuscript weken lang onder zijne berusting hield, zonder aan den schrijver eenig blijk te geven van geestdrift of waardeering. De spoorwegwet werd in de Eerste Kamer afgestemd, en de uitgeefster zegt, dat Van Lennep zich toen „liet sussen." Hij had toen den Max Havelaar niet meer noodig als wapen tegen het ministerie, hij bezorgde dus wel de uitgaaf van het boek, „maar in zijn, in 1862 uitgegeven brochure, staat toch met ronde woorden te lezen, dat het zijn doel was de verspreiding van het werk te belemmeren." Hieruit zou men dus moeten konkludeeren, dat, indien de spoorwegwet niet afgestemd geworden ware, Van Lennep den Max Havelaar uitvoeriger zoude hebben doen verspreiden. Met deze opvatting kunnen wij ons slechts gedeeltelijk vereenigen.

Doch wij zeggen met de uitgeefster „later meer daarover," en willen eerst de geschiedenis van Dekker's betrekking tot Van Lennep voortzetten waar wij haar geschorst hebben.

Van Lennep dan, vernemen wij nog, had aan Rochussen geschreven: „Indië heeft een man noodig en Dekker is die man." Intusschen maakte Dekker zich steeds zeer bekommerd over de „bijzaken" en begon de vreeselijke drukte van zijn leven, waaraan hij niet gewoon was, hem zeer te vermoeien; zoodat wij, d°. 10 December, lezen, dat, nu Rochussen eindelijk geantwoord had in afwijzenden zin op het voorstel om Dekker Raad van Indië te maken, Dekker er naar verlangde uit Holland weer weg te komen en in Brussel op zijn gemak wat te rusten en te werken. 11 Dec., toen hij nog niet wist, wat het „ontzaggelijk ingenomen" van Hartsen beduidde, wilde hij weer wèl in Amsterdam blijven, enthousiast als hij was over Van Lennep's brief, waarin dat oordeel van Hartsen werd medegedeeld.

Tusschen 11 December 1859 en 11 Januari 1860, vernemen wij nog alleen, dat de heer Jan een voorloopige bijdrage van vier honderd gulden wil geven om Dekker in staat te stellen zich met zijn gezin in Brussel te etabliseeren, waar hij dan door werken zelf verder ook geld zou verdienen; maar dat Dekker, rekenende met zijn familie vier honderd gulden per maand noodig te hebben, zich op dié verbintenis alleen niet durfde verlaten om de expatriëering te ondernemen. Ook hooren we, dat de heer Hartsen wel duizend gulden op de Max Havelaar-uitgave zou willen voorschieten, maar dat Dekker dit voorstel repugneerde daar het zooveel overeenkomst had met „beleenen op pand."

Vóór den éénigen brief, die uit deze periode beschikbaar was en waarvan wij, hier den inhoud mededeelden, heeft de uitgeefster der Brieven een aanteekening geplaatst, die, indien men bedenkt in welke verhouding zij zelve gestaan heeft tot Dekker's eerste echtgenoote, niet onaardig karakteristiek is, in hoe bezadigde en kroniek-achtige termen dan ook vervat. „De brieven", schrijft zij, „sluiten nu niet meer zoo geregeld aan elkaar als vroeger. Eenigen zullen verloren zijn gegaan, anderen opzettelijk vernietigd. Dit laatste durf ik veronderstellen omdat ik dikwijls in later jaren heb bijgewoond (wij wisten niet, dat de dames elkaar zóó intiem hadden gekend, dat de eene in bijzijn der andere handelingen volbracht, die anders bij uitstek behooren tot die, ter volvoering waarvan men een oogenblik van eenzaamheid afwacht) dat Tine een brief van Dek ontvangende, zoodra zij bemerkte dat er iets in stond wat haar onaangenaam zou aandoen, dien verscheurde en in de kachel wierp."

Men kan begrijpen welk een gevoel zulk een handeling van Dekker's eerste vrouw opwekte in Dekker's tweede vrouw. Zij, die Dekker zoo vereerde, moet deze handeling wel afgrijselijk hebben gevonden, en indien, waaraan na haar eigen mededeeling natuurlijk niet te twijfelen valt, mevrouw Douwes Dekker-Hammink Schepel er in levenden lijve bij tegenwoordig is geweest, dat mevrouw Douwes Dekker-Van Wijnbergen Dekkers brieven, als teeken van afschuw, in de kachel wierp zonder ze gelezen te hebben, mag men wel aannemen dat al haar wél-opgevoedheid haar op zoo'n oogenblik ten dienste heeft moeten staan om haar te beletten als eene furie op hare voorgangster aan te vliegen en haar de kostbare papieren te ontrukken, die zij snood aan de vernietiging wilde prijs geven.

Intusschen moeten wij met de uitgeefster van meening verschillen, waar zij uit het feit, dat Dekker's eerste echtgenoote, toen de verhouding tusschen haar en haar man ten uiterste gespannen geworden was, zijne brieven in woede en verdriet vernielde, het gevolg trekt, dat Tine zich ook reeds in een vroegere periode, toen de verhouding, in vergelijking met later, nog weinig te wenschen overliet, zich aan soortgelijke handelingen zou hebben schuldig gemaakt. Wij gelooven eerder dat de brieven die hier ontbreken „verloren zijn gegaan", dan dat zij „opzettelijk vernietigd" zouden zijn.

De eerstvolgende brief, welken wij nu te lezen krijgen, is van 10 of 11 Januari 1860. Wij vernemen daaruit, dat Dekker met zijn gezin den 15en Januari naar Brussel zal gaan, om eenige maanden rust te genieten. De heer Jan gaf ƒ 400 als voorloopig voorschot waarvan echter ƒ 100 afgetrokken zou worden, naar wij uit den brief meenen te begrijpen, voor de passage van de baboe, die naar Indië teruggezonden werd. En de heer Van Lennep — daarom passen deze mededeelingen hier noodzakelijk in dit historisch overzicht — zou ƒ 200 per maand geven, waarvan echter ƒ 50 zou worden afgetrokken ten bate der Wageningsche tantes. Tijdens Dekker's afwezigheid zoude dan Van Lennep de uitgaaf van Max Havelaar bezorgen.

Zeer juist merkt de uitgeefster op, dat het, met het oog op het, later gevolgde, bekende rechtsgeding tusschen Dekker en Van Lennep, over het eigendom van Max Havelaar, niet weinig belangrijk geweest zoude zijn, indien zij ook de tijdens Dekker's verblijf te Brussel in dezen tijd tusschen hem en Van Lennep gewisselde brieven had kunnen opnemen in de korrespondentie. Doch de pogingen, in 1871 door Dekker zelf, en nú, bij de voorbereiding dezer uitgave der Brieven, door de uitgeefster aangewend, om die brieven machtig te worden, zijn mislukt. Tijdens het rechtsgeding had Dekker ze, ter vervollediging der geding-bescheiden, aan zijn advokaat, Mr. J. G. A. Faber, ter hand gesteld. Doch deze heer wist later niet waar zij gebleven waren, en Mr. Mouthaan, de opvolger van Mr. Faber, had ze ook niet, bij den overgang van het kantoor, van dezen overgenomen. Ook de heer Willem van Lennep, zoon van Mr. Jacob, door de uitgeefster daarnaar gevraagd, kon zich niet herinneren bij de papieren zijns vaders brieven van Dekker te hebben gevonden. De uitgeefster neemt dus aan dat die vernietigd zijn. (Zie Br. 2e dl., blz. 61, 62.)

Eenige maanden leefde Dekker nu vereenigd met zijn gezin te Laeken (Brussel). De uitgeefster merkt aan, dat dit een tijd van betrekkelijke rust voor het gezin was. De uitstapjes van hier uit naar Spa ondernomen hebben wij reeds vermeld. In Mei verscheen de Havelaar, 14 Juni reisde Dekker terug naar Holland.

Wij vestigen er de aandacht op, dat Dekker dus, toen de voorbereidende maatregelen ter uitgave werden genomen en toen de uitgave plaats had, niet ter plaatse aanwezig was. Wij vestigen hierop nadrukkelijk de aandacht, omdat

Dekker op die wijze verzuimde den persoonlijken invloed op de wijze van uitgeven te oefenen, waardoor wellicht de verkeerde praktijken voorkomen hadden kunnen worden, waarover hij zich later vruchteloos beklaagde. Was deze onthouding van onmiddellijk persoonlijk beheer *niet* wijs, niet verstandig, — zij was daarentegen zeer natuurlijk en verklaarbaar. Dekker had de grootste behoefte aan rust, na al het tobben en zwerven en de druktes der laatste jaren, en: Dekker beschouwde Van Lennep als zijn besten vriend en vertrouwde hem volkomen; dat wil zeggen: vertrouwde volkomen, dat Van Lennep Dekker's belang begreep, precies zooals Dekker dat zelf begreep, en dat hij dit op die wijze begrepen belang, zonder eenige andere konsideratie, tot richtsnoer van zijn handelingen zoude nemen.

Dekker reisde naar Rotterdam, van waar uit hij de korrespondentie met zijne vrouw hervatte. Hoofdzakelijk vernemen wij nu vooreerst alleen Dekker's blijde uitingen over het steeds grooter en grooter wordend, en hem zelf verbazend, welslagen van zijn werk. Dd. 17 Juni (1860) spreekt Dekker reeds van eene „nationale inschrijving," waar hij toen zekeren Van Prehw zich aan 't hoofd wilde zien stellen. Dit schijnt dus geen denkbeeld van later geweest te zijn, maar tijdens of even vóór de Havelaar-uitgave bij hem te zijn opgekomen. Waar wij echter op 't oogenblik, met betrekking tot de kwestie-Van Lennep meer belang in stellen, is de reeds in dien zelfden brief van 17 Juni voorkomende uitlating: „Maar uit alles blijkt dat die De R. een slaapmuts is." Hiermede werd bedoeld: de door Van Lennep voor deze onderneming aangezochte uitgever De Ruyter. Tels de hoofdredacteur der N. Rott. Crt., had namelijk gezegd, dat er nú reeds (na pl. m. vier weken) een derde druk van het werk had moeten zijn, en Nijgh, de uitgever der N. Rott. Crt., dat er duizend exemplaren naar Indië hadden behooren te worden gezonden.

„Is dat nu niet gloeiend jammer," schrijft Dekker, „dat door zulke slaperigheid mijn boek minder effect maakt dan het bij een flinken boekverkooper maken zou? Het is om te schreien. En je begrijpt dat als de furore eens voorbij is zooals alle fureurs en enthousiasmes voorbijgegaan, — d a t h e t d a n t e l a a t i s."

Wij spatieeren deze laatste woorden. Hierop, zal men zien, komt het aan, hierop is het geschil tusschen Dekker en Van Lennep gegrondvest; namelijk op het antwoord dat de vraag uitlokt: w a a r v o o r het „dan te laat" zoude zijn.

Maar wij zien verder. Blz. 71 lezen wij: alles zou goed gaan... „maar die vervloekte De Ruyter", „Ik klaag bij V. L. steen en been over De Ruyter. 't Is een ware schande," d°. 25 Juni: „Ik begin hoe langer hoe meer in te zien dat men wel mijn boek verheft als boek, maar verder niets. 't Is wel hard!"

Voortdurend houdt hij zich nu bezig met de recensiën, die achtereenvolgens de verschillende tijdschriften over Max Havelaar publiceerden. De brieven aan Tine zijn daar vol van. Hij had toen nog niet de verachting voor het publiek en de publieke opinie, die zich langzamerhand van hem zou meester maken. Hij genoot er nog even kinderlijk als buitensporig van zijn naam overal gedrukt te zien — iets volstrekt ongewoons — en al de verschillende meeningen en uiteenloopende waardeeringen over zijn, hem zoo innig van nabij bekend, geesteskind te lezen. Men kan dit genot vergelijken bij dat van eene moeder, die een eenig teêr bemind zoontje heeft, dat eenige jaren lang met de uiterste zorg door haar is verpleegd en opgevoed, altijd in het stille huiselijk intérieur, waar alle leed en elke harde aanraking met de buitenwereld ver van hem werd gehouden; en die nu, voor het eerst, hem een kinderpartij doet bezoeken. Hoe leeg voelt zij hare hand als zij hem loslaat, opdat hij zich alleen en vrij onder de speelgenootjes zal gaan bewegen. Zie daar gaat hij, zij kijkt hem na. Ja, hoe kijkt ze hem nu na, hoe spitst ze nu het oor, om te zien en te hooren, wat die en wat die en wat die derde zal zeggen van haar schat, van haar kind! Wèl luistert zij aandachtig naar wat men dáarvan zal zeggen en wát dáarvan, wat van zijn oogjes, wat van zijn heele gezichtje, wat van zijn blonde haar, wat van zijn lieve kleertjes, die zij met zooveel zorg en oplettendheid heeft gekozen en geschikt....

Nu, zóo volgde Multatuli de appreciaties, die zijn eerste boek ten deel vielen.

De eerste uiting van ontevredenheid tegen Van Lennep treffen wij aan in een brief van 23 Juni:

„Van Lennep komt mij voor alsof hij zeggen wil: ik heb het mijne gedaan! En eigenlijk heeft hij niets gedaan, want als de M. H. het aan mij verstrekte geld niet dekt, dan is dat de schuld van den beroerden boekverkooper waar hij mij gebracht heeft."

De Ruyter had maar dertig ex. van M. H. naar Indië gezonden. „Is dat niet om te schreien?" roept Dekker uit. „En dan praat V. L. van ondankbaar [-heid jegens De Ruyter.]

D°. 22 Juli lezen wij: „Ik zoek geld om baas te worden over de uitgave, want die de R. is ellendig. De vent heeft geen verstand van de zaak, maar Van Lennep zit mij in den weg"; 29 Aug.: „Ik ben dol op dien De Ruyter! V. L. is weer in stad gekomen, maar ik heb hem niet te huis gevonden. 't Is bedroevend!" 1 Sept. lezen we, dat Dekker nog bij V. L. geweest was, waar allen hem heel hartelijk ontvingen. Een paar dagen later: „Die vervloekte zaak met Van Lennep. Nog ben ik daarmee niet klaar." Op 12 Oktober: „[ik heb] ruzie met Van Lennep" en „Van Lennep is.... ja ik weet niet wat ik er van zeggen moet." Van Lennep had namelijk, eindelijk, na lang talmen, op Dekker's voortdurend aandringen, dat er van Max Havelaar een goedkoope uitgaaf zou bezorgd worden, geantwoord: „Wie een huis koopt heeft het recht het te verbouwen zonder den verkooper te raadplegen."

Dit antwoord van Van Lennep bracht het tusschen hem en Dekker tot een uitbarsting. Op 20 Oktober lezen wij: „Misschien zal ik moeten overgaan tot de treurige noodzakelijkheid om V. L. een proces aan te doen. Dat zal mij zeer hard vallen. Prof. Veth is het met mij eens dat hij mij infaam behandeld heeft. De opgang van M. H. stijgt nog. 't Is ongehoord. De eerste druk is zoo goed als uitverkocht en V. L. wil de volgende drukken voor zich houden!" 3 November 1860: „Ik lig overhoop met Van Lennep. Ik moet gelooven dat hij mij bedrogen heeft. 't Is schande."

13 November vernemen wij dat de kogel door de kerk is in deze lakonieke woorden: „Proces met Van Lennep."

Zes maanden later, 15 Mei 1861, werd in dit proces voor de eerste maal gepleit.

In een brief van 2 Juni schrijft Dekker: „Proces Van Lennep eerste instantie, heb ik verloren. Never mind! appel! Ik zal 't behandelen."

Dekker of zijn advokaat hebben geappeleerd van het vonnis van de arrondissements-rechtbank te Amsterdam, en den 22sten Mei 1862 kwam de zaak voor het provinciaal gerechtshof.

In het schrijven van 24 Mei 1862 heet het: „Verleden Donderdag heb ik gepleit voor 't Hof. Had je 't gelezen in de courant? Maar er staat niets bij, alleen dat ik gepleit heb. Die zaak met V. L. verveelt mij."

Het Hof heeft toen het vonnis van de Rechtbank bekrachtigd. Wij teekenen hierbij terstond aan, dat Dekker zich in dit proces misschien meer dan bij welke gelegenheid ook, door zijn zenuwachtigheid en ongestadigheid heeft laten beheerschen. Hij verloor het proces in eerste instantie en keurde de rechterlijke uitspraak goed, omdat het punt, waar het op aankwam, niet in behandeling was geweest; ja maar, zeggen wij, als hij wat bedaarder was geweest, zoude hij zelf gezorgd hebben, van te voren, dat het in behandeling kwam. Maar goed, dit was dus een afgedane zaak, en hij had besloten te appelleeren. Voor het provinciaal Gerechtshof, een jaar later, pleitte hij zelf. Men moet naar alle redelijkheid veronderstellen, dat hij persoonlijk heeft willen pleiten, om des te zekerder te zijn van te overwinnen, nú zéker te overwinnen. En ziet, toen het op stuk van zaken kwam, **verwaardigde hij zich niet te pleiten**, zoodat hij, ten tweeden male, erkennen moest, dat ook het Provinciaal Gerechtshof goed had gehandeld met hem in het ongelijk te stellen. In Idee 289[a] leest men hierover:

„Wat mij zelf aangaat, voor 't hof betuigde ik kortelijk dat boek niet aan den heer V. L. verkocht te hebben. Betoogd, bewezen, gepleit heb ik niet. Vóór de zitting reeds ontwaarde ik dat de voorzitter stokdoof was, en bovendien ik wist.... kortom, ik was misselijk van de zaak en dat ben ik nog. Toch voel ik mij verplicht te erkennen dat het Hof, na mijn dédain om de zaak behoorlijk uit te leggen, niet anders beslissen kon dan het gedaan heeft."

Indien men de toedracht dezer zaak goed overweegt, zal men in dit geval een zoo duidelijk en plastisch mogelijk gegeven vinden van den voorraad, waaruit de heer Swart Abrahamsz heeft geput, om tot zijne kenschetsing van Dekker als neurasthenicus te komen. Die is zoo echt neurasthenisch mogelijk. Men doorziet den toestand van hier, daghelder, zoo als hij zich heeft voorgedaan. Dekker was bepaald voornemens persoonlijk voor het provinciaal gerechtshof te pleiten. Wie weet of hij zelf geen uitvoerige rede op papier had geprojekteerd. Maar toen de zitting aanving, had hij bemerkt, dat de voorzitter hem en zijner zaak antipathiek gezind was, hij stond dáar tegenover lieden, die hij wist dat verreweg zijn minderen waren, hij las op hun gelaat een dom en onherroepelijk misnoegen jegens hem,.... toen kwam, onwederstaanbaar, een hevige wrevel in hem op, nooit was het kontrast schriller geweest tusschen hem en de maatschappij, nooit pijnlijker onmiddelijk merkbaar, schier stoffelijk voelbaar,.... wat! hij de van God gezondene, hij met zijn koninklijke ziel (in bruisende fantasieën leefden de grootheids-verbeeldingen in hem op), hij stond hier tegenover ordinaire menschen, die hem aankeken zooals fatsoenlijke burgermenschen een ploert aankijken in wiens gezelschap zij genoodzaakt zijn eenige oogenblikken door te brengen,... en zij, in welke hoedanigheid bevonden zij zich tegenover hem... als rechters, die hij goedgunstig voor zijn zaak moest trachten te stemmen... het was te erg, ziet, zij zagen hem aan, minachting bespeurde hij in hunne fysionomie, als hij gepleit had zouden ze hem openlijk veroordeelen en... in hun binnenkamers, in hun gezin, wellicht heimelijk... bespotten... Het was te vreeselijk... déze wrevel kón hij niet overwinnen, in zich zelf dacht hij: laten ze naar de weêrlicht loopen, liever het grootste nadeel, dan déze vernedering! Hij moest zich nog inhouden om hun geen stoel naar 't hoofd te werpen; het was al wél; hij beheerschte zich reeds voldoende met hun nog een oogenblik te woord te willen staan. Maar méer zou hij ook niet doen

Zóo stellen wij ons de toedracht dezer zaak

voor. Ware Dekker beter geéquilibreerd geweest, hij hadd' zijn wrevel onderdrukt, hij hadd' zijn oogen gesloten voor de stemming van het Hof, zooals die op het gelaat der leden voor zijn scherpzienden blik te lezen stond, en hij hadd' eene zoo vernuftige rede gehouden, dat hij de rechters te gelijk in bewondering ontstak voor zijn talent en overtuigde van de rechtvaardigheid zijner zaak. Maar Dekker kón niet, hij was een prediker maar geen advokaat, hij had hartstocht maar geen takt, en hij werd het slachtoffer van de eigenschappen van zijn gestel, zoo als die op zijn gedragingen influenceerden.

Later, 2 October 1863, heeft Dekker vrede gemaakt met Van Lennep; de uitgeefster der Brieven vermoedt dat geldverlegenheid hiervoor de hoofdzakelijke reden is geweest.

Na de bescheiden betreffende het proces, behelst het 2ᵉ deel ten slotte de brieven van den heer Van Lennep aan Dekker van de jaren 1863—67, waarbij telkens de aan Dekker komende gelden wegens den verkoop van den Havelaar per assignatie worden overgemaakt. De laatste brief betreft het voorstel van Dekker, dat De Ruyter het kopierecht van M. H. zoude verkoopen, hetgeen Van Lennep ontraadt. Een jaar later, 25 Augustus 1868, overleed Van

Lennep; in Augustus 1870 is het kopierecht werkelijk verkocht, in den zomer van 1871 hebben de erven van Van Lennep de helft van de opbrengst dier verkooping (zijnde dit hun geheele aandeel, daar de andere helft den uitgever toekwam), aan Dekker uitgekeerd. De termen, waarin Dekker, ten einde het piëteitsgevoel der Erven V. L. jegens hun vader niet te kwetsen, om die uitkeering vroeg, luidden: het „op welwillende wijze ten behoeve van den schrijver door wijlen den heer Mr. J. van Lennep gereserveerde aandeel in den Havelaar."

De uitgeefster besluit deze episode en het 2ᵉ Brievendeel, met deze woorden:

„In armoede was de Havelaar ontstaan, en in armoede zocht de gemartelde schrijver naar een term om bij den eersten verkoop van *het* copyrecht van zijn boek, de helft der opbrengst in handen te krijgen. Want òf hem dat gelukken zou, was, toen hij de woorden samenvoegde, nog een vraag.

Kassian over hem!

En over die anderen...."

* * *

De uitgeefster dezer Brieven heeft den beoordeelaar voor een moeilijk vraagstuk gesteld. Tusschen de regelen bevat dit tweede deel de uitnoodiging een oordeel uit te spreken in de zaak, welke ons hier voorgesteld wordt. Het heele boek bevat één doorloopende aanklacht tegen Van Lennep. Het is alsof er tusschen de nagedachtenis van Van Lennep en die van Dekker beslist moet worden. Het is eene beschuldiging van Van Lennep wegens verraad (dit woord wordt in de Brieven herhaaldelijk gebruikt), verraad aan de vriendschap, die hij met Dekker had aangegaan, eene beschuldiging, die, in de schatting der volbloed-Multatulianen zich ongetwijfeld vergroot tot een van verraad jegens het vaderland, omdat, zoo redeneeren zij, had de Havelaar uitgewerkt hetgeen Dekker er mede bedoelde, dan zoude Dekker het bestuur der koloniën of iets dergelijks in handen hebben gekregen en zou het vaderland tot bloei en grootheid zijn gebracht. Ja, het jongere, radikale, geslacht in Nederland zal er eene beschuldiging te meer in zien tegen het oude régime, vertegenwoordigd door een zijner leiders, Van Lennep.

Er is echter nog een andere zijde aan dit vraagstuk, en als wij het van díe zijde bezien ontwaren we, dat wij dubbel voorzichtig en vooral niet voorbarig moeten zijn met het formuleeren eener opinie. Wij bedoelen: als wij den blik wenden naar Van Lennep's nakomelingen. Al achten wij, naar onze persoonlijke meening, karakterdeugden van een sekundair belang waar het de appreciatie van verbijsterend groote talenten geldt (uitdrukking van Huet), — wij achten Van Lennep, gelijk reeds werd aangemerkt, volstrekt niet een talent van die grootte te zijn. Opdat hij eenigszins eene reputatie behoude, moet zijn karakter onaangetast blijven. Dit meenen wij niet alleen, dit meenen ongetwijfeld zijne nakomelingen evenzeer, en hij zelf was niet minder van die meening. 2 October 1863 schrijft Van Lennep aan Multatuli: „.... ik ben herhaaldelijk door u in openbaren druk beschuldigd, gespeculeerd te hebben op uw boek. Niet voor het publiek, waar ik mij evenmin aan stoor als gij het doet, maar voor mijn kinderen en kindskinderen, wien ik gaarne het bewijs wilde nalaten, dat geen vlek van baatzucht op mij kleeft, verlang ik van u een schriftelijke retractatie van die beschuldiging."

Laat ons, voor we ons eene meening over deze zaak vormen, met aandacht en kalmte nagaan wat er eigenlijk was geschied. Om met juistheid en volledigheid Dekker's eigen interpretatie der feiten te doen kennen, zouden wij den brief, waarin hij aan zijn advokaat, Mr. Faber, een exposé van den toestand geeft, geheel en al moeten aanhalen; doch wegens de te groote uitgebreidheid van dien brief moeten wij daarvan afzien. Dit stuk bevat trouwens bijzonderheden over de armoede en het ongeluk, waarin Dekker verkeerde toen hij tot den heer Van Lennep kwam, die wel zeer geschikt zijn om den heer Faber een juiste waardeering van den toestand te geven, naar moreelen maatstaf; maar die ons vooreerst reeds meer dan bekend zijn en ten andere tot de feiten als zoodanig niets afdoen.

Laat ons zien, wat was er gebeurd, waarover liep het proces?

Toen Dekker in het voorjaar van 1860 in Brussel was gaan wonen met zijn gezin om eenige rust te genieten, daartoe in staat gesteld door Van Lennep's voorschot op de opbrengst van Max Havelaar (zoo als de heer Van Lennep het later volhield), daartoe in staat gesteld door een voorschot van den heer Van Lennep buiten verband met de eventueele opbrengst van M. H. (zooals Dekker steeds bleef beweren); toen Dekker dus in Brussel vertoefde, ontving hij van Van Lennep een schrijven, waarin de volgende alinea:

„Om nu met De Ruyter een contract te kunnen maken dien ik bewijs te hebben, dat ik daartoe recht heb. Noch hij, noch eenig uitgever zal natuurlijk drukken, veelmin geld geven zonder overdracht van het copyrecht, en dat kan ik hem niet overdragen, zonder te kunnen aantoonen dat ik het bezit. Wees daarom zoo goed mij met het adres aan Sire een stuk op zegel (Belgisch) te zenden, waarbij gij verklaart mij het copyrecht over het werk, getiteld enz., te hebben afgestaan, en daarvoor te zijn voldaan naar uw genoegen. Ik kan dan in de overeenkomst die ik met De Ruyter maak...."

Dekker voldeed aan dit verlangen door aan Van Lennep de volgende akte van cessie te zenden:

„De ondergeteekende Eduard Douwes Dekker, schrijver van het werkje, getiteld: Max Havelaar of de koffieveilingen der Nederlandsche Handelmaatschappij, door Multatuli, verklaart het copyrecht over gezegd werk te hebben afgestaan aan den heere Mr. J. van Lennep, zijnde de ondergeteekende daarvoor naar genoegen en volkomen voldaan.

DOUWES DEKKER."

Brussel, 25 Januari 1860.

Toen, in zijn „Vrije Arbeid", Dekker, nadat hij het proces in eerste instantie verloren had, Van Lennep over deze zaak „voor de rechtbank der publieke opinie" daagde en hem nogmaals toeriep dat hij, Dekker, en niet Van Lennep eigenaar van den Havelaar was, en o. a. zeide: „Het voorgeven van den heer Van Lennep dat hij eigenaar was van 't copyrecht, is van later datum en van later uitvinding," — antwoordde Van Lennep hierop in een openbaren Brief aan den heer E. Douwes Dekker, waarin hij o. a. repliceert:.... „Maar zoo werkelijk dat systeem van latere uitvinding is, dan komt niet mij, maar u zelven de eer dier uitvinding toe. Reeds op 7 April 1860 schreeft ge mij: „HET BOEK BEHOORT U. MAG IK HET VERTALEN?"

Hiermede hebben wij een beknopt maar volledig overzicht van het geding.

Nu komt, naar onze meening, de geheele zaak hierop neder: Indien de heer Van Lennep, Dekker's meening deelende, dat er van den Havelaar een goedkoope en zooveel mogelijk te verspreiden uitgaaf in de wereld gezonden moest worden, opdat er zoo iets als een algemeen nationaal adres met honderdduizenden handteekeningen voorzien, aan de kamers der

Staten-Generaal of aan den Koning zou gezonden worden, en opdat er, mocht zulk een adresbeweging zonder de gewenschte uitwerking blijven, zelfs een burgeroorlog zou losbarsten (zie de brochure Swart-Abrahamsz-Multatuli door F. v. d. Goes), met het doel Dekker tot zulk een hoogen post te doen bevorderen, dat hij het bestuur der koloniën naar zijn inzicht kon hervormen; — indien de heer Van Lennep, van die meening zijnde, met Dekker afgesproken had, dat er een goedkoope uitgaaf zou komen; en hij later, niet van meening veranderd zijnde, om het ministerie te believen, waarmede hij toen op goeden voet was, de goedkoope uitgaaf heeft tegengehouden, daarvoor gebruik makende van een eigendomsbewijs, dat hij vroeger voor een formaliteit van ondergeschikt belang van den schrijver had gekregen; — indien het zóó met de zaak gesteld is, dan moet de heer Van Lennep veroordeeld worden.

Maar: zoo is het niet met de zaak gesteld. Wij nemen aan, dat de heer Van Lennep, omdat hij met het ministerie weêr vrede had gesloten, nu Max Havelaar eenigszins in zijn macht wilde houden. Wij nemen aan, dat hij dáárvoor het bewijs van eigendom in handen wilde hebben, dat hij, om het gemakkelijk te krijgen, aan Dekker een onware doch in Dekkers belang klinkende reden opgaf, waarom hij het moest hebben, — dan is hierin wel een zekere veinzerij te bespeuren, maar dan is dat daarom geen laaghartige bedriegerij, die een klad op iemand's nagedachtenis kan werpen.

Wij herhalen: de quaestie is alléén of Van Lennep èn in Dekker's belang èn in het belang van het nederlandsche volk een goedkoope uitgaaf wenschelijk achtte, en haar terughield om een bijreden, in casu om het ministerie te believen.

Van Lennep schrijft: „In confesso. Dat ik de acte van cessie gevraagd heb, om met een uitgever een kontrakt te kunnen sluiten, dat is volkomen waar, en, voeg ik er bij, volkomen natuurlijk."

De uitgeefster der Brieven repliceert hierop: „Neen, natuurlijk is dat niet. De heer Van Lennep had hoogstens een volmacht van den auteur noodig om namens dezen een contract te sluiten met een uitgever. De heer Van Lennep wist als rechtsgeleerde natuurlijk zeer goed, dat daartoe geen acte van cessie vereischt werd."

Zeer wel, dat is ook onze meening. De advokaat Feisser heeft in zijn brief aan Dekker volkomen gelijk, waar hij aantoont hoe listig het briefje, waarmede de heer Van Lennep de akte van cessie vroeg, is opgesteld. Van Lennep wist dat hij met Dekker voorzichtig moest omgaan, hij vond dat hij Dekker met ƒ 1200.— voor de eerste uitgave goed betaalde (ook al heette het verstrekken dier gelden niet betaling van het werk), hij wilde de macht over Max Havelaar in handen hebben, — en nu schreef hij een wat draaierig briefje om dat gedaan te krijgen, over welk briefje hij zich later vruchteloos poogde te verdedigen, — dat alles is heel eenvoudig. Daar Van Lennep een goedkoope uitgaaf noch in het belang van uitgever en schrijver, noch in het belang van het land achtte te zijn, hield hij die, door listig bedachte middelen, tegen. De uitgeefster der Brieven had in haar pleidooi eene uiting van den heer Van Lennep moeten kunnen bijbrengen, waarbij deze heer zich ten sterkste vóór een goedkoope uitgaaf verklaarde. Dan had zij haar zaak gewonnen; nú moet zij geacht worden haar, wat de hoofdzaak betreft, te hebben verloren.

Er is buitendien iets tegenstrijdigs in Dekker's beweringen. Immers zijne éene bewering luidt, dat Van Lennep's voorgeven eigenaar van 't kopierecht te zijn „van later datum en van later uitvinding" is; maar indien dát zoo ware, dan zou de beschuldiging als hadde de heer

Van Lennep zijn briefje, waarin hij het cessie-bewijs vraagt, met een niet daarin uitgedrukt doel geschreven, niet kunnen blijven bestaan. Het beweren eigenaar te zijn was niet van later datum en het briefje was met eene bijbedoeling geschreven, zóó is de waarheid.

Ook doet de uitgeefster, op grond van Dekker's eigen mededeelingen natuurlijk, het voorkomen als hadd' Dekker er zelf geen oogenblik aan gedacht, dat hij met dat bewijs van cessie af te geven het eigendomsrecht aan Van Lennep overdroeg. Zelfs Dekker's volzin: „Het boek behoort u, mag ik het vertalen?" interpreteert zij als volgt:

„Ik, die Multatuli zoo goed kende in de exuberantie van zijn indrukken en uitingen, kan me denken hoe hij in April '60, toen nog in de overmaat van zijn dankbaar en hartelijk gevoel voor Van Lennep, die vraag stelde met kinderlijk genot. Zeker, daar was een toespeling in op dat bewijsje van cessie dat hij gegeven had, zonder erg. Ook deze vraag was spelerij. Een deftig toestemmend antwoord zou hem zeker wakker hebben gemaakt, maar nu .... hij vond het prettig alle eigendom weg te werpen. Wat kwam het er ook op aan wien dat boek behoorde? Aan dien flinken vriend, aan dien trouwen helper Van Lennep, of aan hem, of aan beide? Wat deed het er toe? Was het niet gelijk? Ja, was 't niet heerlijk dat boek, zijn boek, de eindvorm van zijn gedragen leed zijnen trouwen bondgenoot toe te werpen als behoorde het hem?"

De uitgeefster heeft gelijk in hare beschouwing, maar ongelijk in de gevolgtrekking. Zeker, Dekker vond het pleizierig het eigendomsrecht weg te werpen, daarom deed hij het, en wist zeer goed wat hij deed. Hij deed het, hij stond het eigendomsrecht af omdat hij meende, dat Van Lennep juist zoo over zijn (Dekker's) belang dacht en over het nederlandsche volk als Dekker daar zelf over dacht. Daarin vergiste hij zich, dit merkte hij toen het te laat was, en toen, in zijn ontsteltenis, zonder zich precies te herinneren hoe het gegaan was, riep hij uit, dat hij het eigendomsrecht nooit had afgestaan.

* * *

Nu wij de zaak Multatuli-Van Lennep van naderbij hebben bekeken en tot een besluit daaromtrent gekomen zijn, blijft ons, ter volledige kenschetsing van Dekker's toestand, toen hij, in volle levensdrukte, plotseling „onder de menschen" was geplaatst, de vermelding van eenige buitensporige bijzonderheden over, die de gedachte doen ontstaan: met dien Dekker moesten nu ook álle zonderlinge dingen te gelijk gebeuren. De eerst te vermelden dier gebeurtenissen, moet tevens dienen om de bewering te staven, dat Dekker nagenoeg voortdurend zonder nagedachte en zelfbeheersching handelde.

In Juni 1860, kreeg Dekker, die te Rotterdam vertoefde, een brief van Van Lennep, waarin deze onder anderen een geval vertelde, dat hem een dier dagen was overkomen. Hij had namelijk op zekeren dag plotseling bezoek gekregen van .... Barbier, den beroemden dichter der Jambes, die om staatkundige redenen uit Frankrijk verbannen was en nu, hulpbehoevend zijnde, hulp kwam vragen bij een Hollandschen kollega. Daar Van Lennep, zooals hij schreef, juist aan tafel was, kon hij tot zijn genoegen den armen kunstbroeder een kotelet en een glas wijn aanbieden. Bovendien gaf hij hem wat oude kleeren en eenig reisgeld om verder te gaan. Het was Barbier's bedoeling zich naar Baden te begeven, waar hij hoopte vrienden te zullen aantreffen. Toen Dekker dit vernam, begon zijn bloed te koken. Hij was een vereerder van Barbier, wiens Jamben zijn lievelingsgedichten waren; in gloed en kracht stelde hij Barbier bóven Victor Hugo. En dat het voorwerp zijner vurige bewondering een oude broek zou dragen, kon hij niet velen. Zonder zich te bedenken, zonder in 't minst onderzoek in te stellen, wist hij dadelijk raad. Hij vraagt aan Tels, hoofdredakteur der Nieuwe Rotterdamsche Courant, waar hij hier ergens een lokaal zou kunnen krijgen. Tels verwijst hem naar het Notarishuis. Dekker brengt daar de zaak in orde en dien avond verschijnt in de courant eene advertentie, waarin Dekker het „fatsoenlijk Rotterdamsch publiek" uitnoodigt den volgenden middag in het Notarishuis bijeen te komen, tegen vrijen toegang. Om twee uur, den aangegeven tijd, kon Dekker waarnemen dat aan zijne oproeping zoo goed mogelijk gehoor was gegeven. Er was een volte, waardoor heen hij zich nauwelijks een weg kon banen. Dekker beklimt het spreekgestoelte, leest Van Lennep's brief voor zonder den schrijver te noemen, en zegt: Mijne Heeren, ik kom u vragen u te vereenigen om iets voor dien armen grooten dichter te doen. Misschien kent gij hem niet. Dan zal ik zoo vrij zijn u hem te doen kennen. Daarop draagt hij het schoone fragment uit Barbier voor, waarin deze Napoléon vergelijkt bij een ruiter die zijn paard dooddrukt:

O Corse à cheveux plats, que ta France était belle
Au grand soleil de messidor;
C'était une cavale indomptable et rebelle.

De uitgeefster der Brieven geeft dit citaat niet, doch wie kent deze regelen niet van buiten! Goed; na de voordracht neemt Dekker afscheid van het publiek. Tels doet hem opmerken, dat hij het ijzer had moeten smeden terwijl het heet was en van de geestdrift gebruik maken om eene kollekte te houden; maar beiden zijn van gevoelen, dat dit verzuim nog verholpen kan worden. In de N. Rott. Crt. zal een bericht worden geplaatst, waarbij het bestuur zich bereid verklaart giften in ontvangst te nemen, die de menschen, welke onder Dekker's gehoor zijn geweest, bereid mochten zijn voor het door Dekker besproken doel af te zonderen.

Nu keert Dekker terug naar zijn hôtel en een uur later komt er, buiten adem, een employé der N. Rott. Crt. binnengeloopen. Stotterend brengt hij uit: mijnheer, wij kunnen dat.... dat bericht niet plaatsen. „Wat drommel wat is er dan met die zaak?" vraagt Dekker. En het bleek, dat Barbier Barbier niet was, maar een valsche Barbier, een listige oplichter, die in Belgie en Nederland, door zich uit te geven voor den dichter der Jambes, menigen letterkundige reeds wat geld uit den zak had geklopt. Het was op een grappige manier uitgelekt. Onze Barbier had zich namelijk ook vervoegd bij den dichter Bogaers te Rotterdam, maar deze was ongelukkigerwijze.... doof! In plaats van een kotelet, schrijft Dekker, bood hij Barbier een leitje aan, waarop deze zou gelieven te schrijven wat hij mede te deelen had. Toen heeft het schrift en de spelling onzen slimmerik verraden. Het gevolg was, dat de heer Bogaers informaties nam aan het konsulaat, en dat de valsche Barbier in allerijl de goede stad Rotterdam van zijn beminnelijke tegenwoordigheid bevrijdde.

Dekker maakte dus eigenlijk een mal figuur, maar hij merkte er weinig van, daar hij niet meer in aanraking kwam met zijn publiek van het Notarishuis.

De overige buitensporige bijzonderheden vallen meer voor in Multatuli's omgang met het schoone geslacht. Daarom zullen wij de behandeling er van in ons nieuw hoofdstuk opnemen, over: Multatuli en de vrouwen.

IV.

MULTATULI EN DE VROUWEN.

Multatuli en Tine, Max Havelaar en Tine, — deze namen klinken ons in de ooren als die van een paar belangrijke historische personen, als van een paar figuren uit Homerus' Ilias. Er is zooveel geschreven en gekeven over het lot en de verhouding dier twee, dat hunne geschiedenis ons eenigszins een gedeelte der vaderlandsche historie lijkt te zijn. Kenau Hasselaar, Tine Havelaar, — hun rol was wel zeer verschillend maar het onderscheid in belangrijkheid niet groot, — voor ónze ooren.

Er zijn Multatulianen (of Multatulisten), die het huiselijk leven van Multatuli en de lotgevallen van zijn gezin tot onderwerp hunner vrome overwegingen hebben gekozen, zooals de orthodoxe Christenen het familieleven van Jozef, Maria en Jezus overdenken.... Was Jozef een goed huisvader? — Voorzeker, want er staat geschreven, dat Jozef werkte aan de schaafbank. Hij verdiende dus het geld (of liever: de levensmiddelen) voor zijn gezin. Ieder Christelijk huisvader moet Jozef als voorbeeld nemen. Enz.... Was Maria een goede huismoeder? — Voorzeker, want zij verzorgde haar kind, legde het in windselen om het tegen weer en wind te beschutten. Enz. Iedere huismoeder moet zich styleeren op het voorbeeld van Maria.

Er is trouwens grooter verband tusschen de legende omtrent Jozef, Maria en Jezus en het oordeel, vooral van niet-Multatulisten, over Multatuli in zijne verhouding tot zijn gezin, dan men oppervlakkig geneigd zoude zijn te meenen. Immers tot grondslag aan de algemeene misprijzing, die Multatuli's gedrag tegenover de zijnen heeft ondervonden, ligt niets anders dan die eeuwenoude Christelijke moraal van het familiebegrip, die in de tot goddelijk type verheven legende omtrent de Heilige Familie haar oorsprong heeft gevonden.

De menschen, die niet Multatulist zijn, keuren éene groote zaak in hem af, waartoe al de overige in hunne waardeering afkeurenswaardige handelingen en eigenschappen terug te brengen zijn, namelijk: dat Multatuli de zijnen heeft verlaten en niet als zijn éerste plicht beschouwde voor hén te werken.

De Multatulisten zeggen: hij had iets hoogers te doen, een hoogere stem riep hem naar elders, ver van de zijnen, hij moest in den woestijn gaan om tot God (d. i. zijne ziel in haar hoogste uiting) te komen. De meer matige bewonderaars antwoorden: goed, maar mag men den naastbijliggenden plicht verzaken om een hoogeren te volbrengen, mag iemand om met het geld van zijn vader een weeshuis te bouwen, in eene gemeente waar vele noodlijdende kinderen zijn en waar geen gesticht is om die op te nemen, — zijn vader vermoorden?

Multatuli zelf heeft in zijn Ideën meermalen dit vraagstuk aangeroerd en het voorgesteld als gaf Tine hem gelijk in al zijn doen en laten. Waar hij in zijne Minnebrieven de verhouding tusschen man en vrouw bespreekt, zooals die uiterst zelden is, maar zoo als die altijd zoude móeten zijn, en de vrouw „officiëel zelfs.... een certificaat van onbruikbaarheid" noemt, omdat gehuwde mannen niet tot de eerste militielichtingen behooren, welke in geval van oorlog worden opgeroepen, — brengt hij er Hector en Andromache bij te pas:

„Dat was anders in Troje.... zie maar dat afscheid van Hector en Andromache.... 't hoeveelste boek weet ik niet.... de kleine jongen wordt bang voor Hectors pluim.... maar Hector gaat....

— 't Staat in 't zesde boek, zei de bezoeker, die Doctor in de Letteren was.

— Goed, maar Andromache wilde dat hij niet zou gaan....

— Dat was infaam van Andromache!... En als 't mij gebeurd was.... maar zóó iets gebeurd mij niet! Zie hier...." En hij citeert eenige regels uit een brief van Tine, waarin ze hem schrijft liever met hem te sterven dan goed te vinden, dat hij zijn denkbeelden, stijl en ziel zou „verkoopen."

Wij mogen veilig aannemen, althans uit de tot nu toe uitgegeven Brieven blijkt nergens het tegendeel, dat Tine van het begin tot het einde, of liever van het begin tot dicht bij het einde, Multatuli's handelingen heeft goedgekeurd. Het moet nadrukkelijk gezegd worden, dat dit, ten minste voor de eerste jaren na het ontslag, als volstrekt zeker mag worden aangenomen. Want in de Brieven, waarin de geheele toestand, tot in de minste en intiemste bijzonderheden bloot ligt, is nergens sprake van eenig verzet van Tine tegen Multatuli's gedrag. En als zij ook maar heel even er op gezinspeeld had, dat Multatuli niet in alles volkomen naar haar wensch handelde, zou hij ongetwijfeld in een stortvloed van verontwaardigde woorden daarop geantwoord hebben. Er is alleen die eerste brief, door Tine uit 's Gravenhage naar Antwerpen geschreven, waarin ze hem aanraadt van haar te scheiden en zich als matroos of hofmeester op een schip te verhuren. Maar onder-aan dien zelfden brief, schrijft zij, dat zij hem uit „politiek" zoo geschreven heeft als zij daarin deed.

Overigens wordt Multatuli's handelwijze ook door Tine's goedkeuring niet schoon gewasschen. De meeste predikers die een kemelsvel gingen verslijten in de woestijn, waren niet getrouwd. Jezus, dien Multatuli steeds als voorbeeld neemt, was niet getrouwd. Kluizenaars en kloosterlingen hebben altijd geweten, dat de levensstaat, dien zij wenschten, met het huwelijk niet vereenigbaar was. Zij hebben daarom bij den aanvang van hun loopbaan gekozen, in de volle wetenschap van wat zij deden, en dusdoende zijn zij nooit voor het dilemma gekomen, dat Multatuli's leven heeft beheerscht.

Maar nu is het ons niet te doen om eene nadere waardeering dezer genoeg besproken handelwijze, maar alleen om een psychologische kenschetsing van Multatuli's verhouding tegenover Tine.

Wat blijkt hieromtrent uit de Brieven? In de Brieven leeren wij wat dit betreft Multatuli kennen als een hartelijk echtgenoot en vader. Uit de hartelijkheid, waarmee hij over zijn kinderen schrijft en nooit vergeet dat te doen, maakt ons voorstellingsvermogen als van zelve de gevolgtrekking, dat hij zich met losse vroolijkheid en oningehouden vriendelijkheid onder de zijnen bewoog als hij thuis was, spelend met de kinderen als een oudere makker, schertsend met zijne vrouw als een verknochte vriend. „Dag, pierewieten!" schrijft hij op 't eind van veel zijner brieven aan zijn tweetal. „Dag, Nonnie en Edu-Max" (dit laatste een verkorting der samenvoeging van „Eduard," zoo als Dekker zelf en ook zijn zoontje heette, en „Max," zoo als Dekker's ideaal-type Havelaar en ook diens zoontje heette); of „kus de pierewieten voor me," „ziet mijn kèrel zoo bleek?" „kus het menschdom." Het „menschdom" waren de kinderen. Dekker, vroolijk en uitgelaten van natuur zijnde, als ten minste de bitterheid van zijn lot hem niet ter neder drukte, moet een opgewekt en onderhoudend huisgenoot zijn geweest. Men kan hem zich voorstellen, met zijn levendig en uitdrukkingsvol gezicht, spelend met de kinderen, hen na-zittend door kamers en portalen, hen „krijgend" en op-heffend hoog in de lucht, lachend van vadertrots en vadervreugd, als de kleinen juichten en kraaiden. Een anderen keer ging hij er met een op zijn schouder voor den spiegel staan en zei dan: „kijk je vader nu eens goed aan, Edu, en dan je zelf ook. Zie je ons alle bei? Zie je wel, dat je op me lijkt? Nu, wat ik in het leven heb willen doen, dat moet jij ook zien te doen hoor! En dan hoop ik, dat je beter zult slagen!"

Zijn vrouw had hij lief als een zeldzaam goede zuster, met dankbaarheid en aanhankelijkheid, het eenige wezen op de geheele wereld, waarvan hij wist dat zij, het gansche leven door, geluk èn leed met hem zou willen deelen. Hij had haar lief als degene, die altijd in hem geloofd had en zou blijven gelooven.

Multatuli was de eerste persoon in deze echtvereeniging. In de eerste jaren van hun huwelijk beschouwde zijn vrouw hem als een halve godheid. Gelijk hij later, naar het gerucht wil, door zijne tweede vrouw zoo goed als ten huwelijk is gevraagd, lijdt het ook geen twijfel, of het huwelijk met zijn eerste vrouw is tot stand gekomen en heeft, enkele jaren althans, harmonisch geduurd, door dwepende vereering van de zijde der vrouw en hartelijke toegenegenheid van de zijde van den man.

Multatuli heeft niet voor zijne eerste vrouw een van die overweldigende passiën gehad, zooals de biografieën van dichters en kunstenaars er soms vermelden, een van die passiën voor een geestelijk geheel gewone of minder dan gewone vrouw, of voor een geestelijk zéér buitengewone vrouw, zooals de Mathilde van Heine, die een naaistertje was, of Mrs. Browning, die eene dichteres is. Hij heeft die ook vóór zijn huwelijk noch in de allereerste jaren gehad, want nergens wordt in de intiemste passages der brieven daarop gezinspeeld. Als Tine zich eens uit gekheid beklaagt over zijn minnekoozerijen met andere vrouwen of meisjes, dan antwoordt hij, dat zij toch wel weet, dat zij zijn liefste engel en schat is, en daarmede is alles gezegd.

Tine schijnt tot die zeer zeldzame vrouwen behoord te hebben, in wier inborst een groote lijdzaamheid vereenigd met moed en flinkheid wordt aangetroffen. Tot lang na Dekker's ontslagneming bleef zij niet alleen alles goedkeuren, ja alles bewonderenswaardig achten, wat hij verkoos te doen of na te laten, maar door de omstandigheden, waarmede zij dientengevolge te strijden kreeg, wist zij zich met een zekere vastberadenheid heen te slaan, die ons niet zelden met de grootste waardeering voor haar vervult.

„C'est un emploi assez difficile que d'être la femme d'un poète," zegt de Pène, en dat „emploi" heeft Tine met zeldzame volharding en zeldzaam geduld jaren en jaren volgehouden. Toen zij, als freule Van Wijnbergen, den begaafden Indischen ambtenaar, die zich bevond aan het begin van een veel voor de toekomst belovende loopbaan, haar hand schonk, kon zij van het volgend leven allerlei lotgevallen verwachten, behalve juist die, welke haar beschoren zouden zijn. Haar man, die als zoo bekwaam bekend stond, zou spoedig op bevordering kunnen rekenen, zou al hooger en hooger in rang en aanzien stijgen, zij zouden lieve kinderen krijgen en door velen worden benijd. O, wel schoon spiegelde zich de toekomst voor haar af. En mocht het hun al eens tegenloopen, mocht al het leven niet de zoo hoog gespannen verwachtingen vervullen, die Dekker zelf koesterde en door zijn beminde reeds spoedig wist te doen deelen, als hij met zijn levendig woord de toekomst voor haar in beeld bracht, — ook al bracht Eduard het nooit verder dan Resident, of zelfs maar Assistent-Resident, — zou haar daaraan weinig gelegen zijn, want ook in die omstandigheden zou zij, altijd aan de zijde van den aangebeden man, altijd samen met hun geliefde kinderen, het leven een hemel op aarde vinden. O, hoe vlekkeloos gelukkig moest het leven aan het door den geestdriftigen man beminde meisje schijnen! Maar ach, hoeveel te bitterder moet juist daarom later de vreeselijke, geheel onvoorziene, teleurstelling voor haar geweest zijn. Er is geen reden om te veronderstellen dat de eerste huwelijksjaren niet geheel aan de verwachtingen zouden hebben beantwoord. Integendeel. Al de voorspellingen en illusiën schenen werkelijkheid te zullen worden.

Heerlijke uren, onvergetelijke tijden moeten dat geweest zijn — later vooral onvergetelijk helaas — als, na volbrachte dagtaak, het jeugdige gezin in de galerij hunner woning van den schoonen avond zat te genieten, Eduard zijn schoone gedachten en groote droomen aan zijne gretig luisterende vrouw mededeelend, Tine hem, met een enkel zacht gesproken woord, altijd gelijk gevend, altijd bewonderend, en ook, als vrucht der opvoeding door haar man zelf haar gegeven, toonend hem beter te begrijpen dan wie anders ook daartoe in staat zoude zijn; en de kleine spring-in-'t-velden, hun schat en hun hoop, spelend aan hun voeten. Welk een blijde gewaarwording, welk een welkome storing, als de vader den hoogen ernst zijner woorden onderbroken hoorde door een lachend, juichend, kraaiend kinderstemmetje.

Terwijl de onmetelijke hemel zich, als met zoovele flonkerende edelsteenen, met sterrenmyriaden bezette, terwijl een warme wind, die de hooge donkere boomen deed wuiven en deinen in de nachtelijke atmosfeer, de weemoedige klanken van den gamelan uit de dessa's helderder in hun ooren deed klinken, zag Tine daar haren man bij zich, het hoofd een weinig naar achteren geleund, en hoorde met juichend hart de schoone woorden aan, waarin hij zijne droomen voor haar vertolkte. Zij was meestal met hem alleen, zij zagen weinig menschen, en wat zij van de andere menschen zag en hoorde, hoe werd zij dáardoor juist het groote onderscheid tusschen die anderen en háar grooten man gewaar! Hare liefde maakte natuurlijk het onderscheid veel grooter dan het in werkelijkheid was. De gewoonheid der anderen maakte nu op haar den indruk van laagheid te zijn, in vergelijking met de buitengewone hoogheid van haar eenigen beminde. Wat waren die anderen meer dan kooplieden, schacheraars, zwendelaars, roovers, ja, — had hij zelf het haar niet geleerd? — die om voor zich een, dikwijls zoo gewonnen zoo geronnen, rijkdom te verwerven, de arme inlandsche bevolking onrecht aandeden, verdrukten en aan hun ellendig lot overlieten! Wat waren zij meer dan spelers en drinkers, die, na zoo snel mogelijk fortuin te hebben gemaakt, Indië Indië lieten, hun rug toekeerden aan de donkerkleurige loonslaven, die zij valschelijk door hun godsdienst-leeraars als broeders deden begroeten, om in hun vaderland van de door afpersing verworven schatten een weelderig leventje te gaan leiden? En haar man, haar aangebeden echtgenoot? — Als die zich eens te buiten ging, dan was 't om zijn door geestdrift en overmatigen arbeid geschokt gemoed afleiding te geven, dan was 't om zooveel als een veiligheidsklep te openen voor de overvloedige krachten van zijn buitensporig ontwikkeld zenuwgestel. Hoe gelukkig moest zij zich niet gevoelen de vrouw te zijn van een dichter, van een man, van een zóó zeldzaam mensch, die niet slechts een dichterlijke ziel had, maar die van zijn loopbaan, van zijn praktisch beheer, een poëem van rechtvaardige wijsheid bedoelde te maken. Wat de jonge meisjes droomen als zij op haar balkon staan en de eerste lentegeuren bespeuren in de lucht, wat de jonge meisjes mijmeren als zij in den zomernacht, op haar vensterkozijn geleund, de schuchtere verlangens bespieden, die rijzen in hare ziel, — was voor haar, zeldzaam gelukkige vrouw, werkelijkheid geworden. Zij behoefde hem niet als eene onwezenlijke gestalte, als een geheimzinnigen, alleen in de verbeelding bestaanden, minnaar, in stilte te begeeren, met de zekerheid hem nooit in haar armen te zullen sluiten, — neen, zij was vereenigd, zij was voor altijd vereenigd, zij was voor het geheele leven één, met den dichter, met den held, met den koning harer droomen.

Deze overtuiging, deze gelukkige zekerheid, was zoo vast geworden in Tine's ziel, was dermate tot een gedeelte van haar zieleleven, tot een gedeelte van haar bestaan geworden, dat die niet wankelde bij haar man's ontslagneming en de daaropvolgende jaren van bitteren kommer. Men kan zeggen, dat het hoogere bestanddeel van hun huwelijk, het huwelijk in zijn geestelijke beteekenis, voor de hoofdzaak juist hierin bestond, dat Tine deelde in den grootheidsdroom van haar man. Als Multatuli later verhaalt hoe hij met woeker oogst hetgeen hij gezaaid had in de ziel zijner vrouw, moet dat beduiden, dat hij wist hoe eindeloos trouw Tine hem was toegedaan — in het gelooven, in het steeds blijven gelooven, aan de glorierijke toekomst, die hen wachtte. Dáardoor had hij haar in de hoogste beteekenis tot zíjne vrouw gemaakt, dat ook in háar de schoone dwaasheid had wortel geschoten, even vast *als in* hem zelf, die hen het ideaal met de werkelijkheid deed verwarren.

Zij hadden zoo lang gewacht, nietwaar, op *het* groote geluk, dat in aantocht was, zoo vele uren en uren hadden zij het in hun eenzame woningen in stilte verbeid, dat, toen Multatuli, ten toppunt van exaltatie, de groote daad deed die hem buiten de werkelijkheid in het rijk der idealen verplaatste, het ook háar niet anders kon schijnen of nú was de groote slag geslagen, de tooverslag, die hen tot de glorie zou brengen, door haar dichter-echtgenoot altijd voorspeld en voorzien. Zij kende het leven betrekkelijk zoo weinig! Was zij niet als argeloos jong meisje, in de netten van zijn schoone minnetaal gevangen, hem in de Indische eenzaamheid gevolgd, toen hij haar gevraagd had zijne levensgezellin te worden? Had zij niet jaren lang schier dag aan dag hem de groote, de wondervolle toekomst hooren prijzen, waarheen het leven hen zonder twijfel voerde?.... Men ziet haar van hier, toen er van Lebak weg verhuisd moest worden, in opgewonden drukte de toebereidselen tot de afreis makend, het hoofd gebukt over de open koffers en kisten, de oogen schitterend, de wangen gloeiend, in de angstig-verheugde zekerheid, dat nú het oogenblik gekomen was voor de groote reis, die hen brengen zou.... ja, waarheen?, waar anders heen dan in het levenstijdperk van macht en roem, dat haar man op de plaats zou brengen, die hem toekwam, krachtens zijn hooge gaven en zeldzamen geest?

Langzamerhand, zeer langzaam aan, ontwaakte zij uit hare droomen, door de nawerkingen van de groote botsing waarin zij met de werkelijkheid waren gekomen; toen zij van haar heer en haar God, ver van haar aangebeden man, alleen in kommer en verdriet moest leven met de kinderen, die tevergeefs om hun vader riepen, toen kwam zij zachtjesaan tot het bittere besef, dat zij in ijdelen waan hadden verkeerd, dat zij nu onverbiddelijk de slachtoffers werden van de edele dwaling, waaraan zij zich hadden overgegeven, dat zij het leven verkéerd hadden begrepen.

Voorzeker is het hier de plaats de nagedachtenis te eeren van eene vrouw, die martelares werd door het te ver gedreven schoonste gevoel, dat eene gehuwde vrouw kan bezielen: het onbeperkte geloof en vertrouwen in de verwezenlijking van het ideaal, dat haar man zich in het leven heeft gesteld. Want wat moest Tine nu ondervinden, nu haar man tot de eenige voor hem mogelijke grootheid inderdaad scheen te komen? Ziet, nu geschiedde het, nu erkende ieder het buitengewone, dat zij altijd in hem had gezien, nu was de schat, waarvan zij zoo lang alléen geweten had, de schat, dien zij alleen zoo lang had bemind en vereerd, openbaar eigendom geworden. Nu kon een ieder vrij de bloemen plukken, die zoo lang voor haar alleen hadden gebloeid in de verborgenheid van haars geliefden ziele-rijkdom. Maar had zíj nu, in den oogst van erkenning en roem, het aandeel, waarvan hij haar altijd gesproken had en voorzegd, dat het bijna niet geringer dan het zijne wezen zou? Al viel de oogst geheel anders en in hun schatting schraler uit, dan zij hadden verwacht, deelde hij die nu dan toch ten minste met haar, opdat hun huwelijk, zij 't op deze onvoorziene wijze, de bekroning zou geworden, aan wier verschijning zij nimmer hadden gewanhoopt?.... Neen, het tegendeel geschiedde. Nu de tijd dáár was, nu was hij altijd verre van haar, nu kreeg zij van den schitterenden maaltijd niets dan de bittere brokken te eten, nu moest zij telkens in zijne brieven lezen, dat hij niet bij haar kon komen, dat hij nog wat toeven moest, verre van haar, dat hij alleen zijnde beter werken kon, dat hij haar aan dit niet kon helpen en aan dát niet, dat zij zich maar alleen moest zien te behelpen en tevreden te stellen.

Groot moet het leed van deze vrouw geweest zijn, toen zij langzamerhand tot de ontdekking kwam, dat haar ziel zich al de huwelijksjaren lang gevoed had met eene illuzie. Niet in hare waardeering van haren man was de illuzie gelegen, want al had zijne buitengewoonheid ook andere uitkomsten dan zij beiden er van hadden verondersteld, die buitengewoonheid bléek dan toch nu voor de oogen der geheele wereld. Maar hare illuzie was geweest dat zij in die buitengewoonheid deelen zou op de dubbele wijze; niet alleen zou zij er met hem de vruchten van plukken en de blijdschap van hebben, neen, er was nog een inniger aandeel, dat zij altijd gehoopt had het hare te zullen kunnen noemen; al durfde zij het zich zelve ternauwernood bekennen, tóch bewaarde zij die hoop in hare ziel als haar kostbaarst kleinood: het was de gedachte, dat hij, om buitengewoon te zijn, om met zijne buitengewoonheid te werken, háar aanwezigheid en hare medewerking behoefde. Had hij het haar niet dikwijls ingefluisterd, had hij het haar niet honderd maal verzekerd, dat hij aan haar lieve oogen zijn beste *inspiratiën* dankte, dat hij aan haar moedvol woord de volharding verschuldigd was, die hem in zijn loopbaan zou doen slagen? Hoe verlangde *zij*, nu hij het werk, het groote werk, dat werk, waarin alleen hij toch eigenlijk bleek uit te schitteren, begonnen was, hoe verlangde zij nu bij hem te zijn. Hoe vurig begeerde zij met hem te bespreken de bladzijden, die hij dien dag schrijven zou, zijne tevredenheid te vernemen over de taak, die was volbracht, zijne bitterheid te verzachten, als hij eens mocht meenen *dat* zijn genius hem minder goed dan gewoonlijk had ter zijde gestaan.

Hoezeer wenschte zij met hem te wonen onder één dak, met hem de maaltijden te deelen, met hem gezien te worden ook vooral, op de wandeling, op de plaatsen van openbaar vermaak! Welk een tintelende gloed van fierheid zou haar doorstroomd hebben, als zij overal had mogen hooren fluisteren: kijk, daar loopt de schitterende schrijver Multatuli met zijn vrouw. En nu, nu zag zij in, dat deze vurige hoop nooit verwezenlijkt zoude worden... Was het dan niet waar geweest, als hij haar zijn tweede ik noemde, was het dan maar leugen of vleierij of zelfbedrog geweest, als hij zoo menigmaal gezegd had, dat zíj alleen in zijne ziel kon lezen, dat zíj alleen hem begreep! En als zij er ooit iets toe mocht hebben bijgedragen om hem dat vast geloof in zich zelf te geven, waaraan hij voor een groot gedeelte te danken had, dat zijne verve hem nooit in den steek liet, ja, als zij de éenige was, die daartoe ooit iets bijgedragen had, was zij dan niet als van zelve de aangewezen persoon om, door voortdurende en onmiddellijke tegenwoordigheid, te zien wat dat geloof uitwerkte en hoe die verve hem de meest schitterende resultaten opleverde!

Tine kwam tot het besef dat haar man haar niet noodig had. Wat de stoffelijke zijden van het bestaan aanging, was zij hem tot last, en zij kon dien last niet kompenseeren door hem in het geestelijke behulpzaam te zijn, want zijn geest bleek juist beter te kunnen werken buiten haar aanwezigheid.

Hoe wreed moet het leven haar toegeschenen hebben, als zij hare kinderen de afwezigheid van hun vader te verklaren had, als de kleinen, die haar telkens hoorden spreken van vader die dit deed of vader daar dát mêe gebeurd was, haar ietwat angstig de vraag stelden, waarom vader niet bij hen was, waarom zij vader nimmer zagen!

Aan deze wetenschap, die zij thans omtrent haren man opdeed, sloot die andere, wellicht nog pijnlijker, zich onmiddellijk aan, dat haar man ook nooit den grooten hartstocht voor haar gehad had, waarvan zij zich altijd gevleid had het voorwerp te zijn. Nu begreep zij het ten volle en besefte het met groot verdriet, dat hij alleen zich zelf steeds gezocht had, niet in grof zelfzuchtige beteekenis, maar in zich zelf zijn Muze, zijne godheid, die hem meer waard was dan alle aardsche dingen. Zij begreep, dat hij haar had liefgehad, dat hij haar liefhad, met hartelijke genegenheid, maar geenszins met de onbevredigde passie, waarvan eene vrouw droomt in den geheimsten schuilhoek harer ziel.

Ja, hij schreef wel telkenmale aan het einde zijner brieven aan haar: „Ik verlang dol, ik verlang dol [om bij u te zijn]," maar als dat verlangen werkelijk zoo onstuimig in zijn binnenste had gewoed, zou hij, die zich zelf zoo weinig meester was, zich niet hebben kunnen dwingen van haar gescheiden te leven. Hij zou haar geschreven hebben: kom Tine, kom bij mij, ik heb het wel niet breed, ik ben wel klein behuisd, en met de kinderen zal het wel wat lastig zijn, maar buiten ú kan ik niet! Ik hoop en vertrouw, dat we het met de kinderen zullen weten te schikken, maar mócht het niet lukken, nu, dan zullen wij ze ergens uitbesteden of iets dergelijks; liever dàt, dan uwe tegenwoordigheid te missen. Als ik zoo veel meesterschap over mij zelf heb, dat ik mij maanden en maanden heb kunnen weêrhouden naar u toe te snellen niettegenstaande mijn groot verlangen, — nu, dan zal ik ook, als het moet, mijn neiging om mij tegenover u zóo uit te storten, dat er niets meer voor mijn pen en inkt te doen blijft, wel weten te beteugelen. (Immers, dàt was zijn bijzondere reden om zich niet met zijne vrouw te vereenigen.)

Dit is een der leelijke zaken in Multatuli's loopbaan, dat hij eenmaal het huwelijk als levensstaat gekozen hebbende, zich niet verplicht heeft gevoeld, van die keuze de onvermijdelijke konsequenties te dragen.

Heeft Multatuli al niet de groote passie voor de vrouw, voor ééne vrouw, gekend, — toch had hij in zijn persoon iets dat de vrouwen sterk aantrok en ook eene onmiskenbare behoefte aan omgang met vrouwen.

Tot de opvoeding, welke hij zijne eigene vrouw gegeven had, tot hetgene, wat hij in hare ziel had „gezaaid", behoorden onder andere de denkbeelden over liefde en godsdienst, tegenovergesteld aan die, welke zij van huis uit had medegebracht. Want Tine was van huis uit vroom, in den ouderwetschen, kerkschen *zin* van het woord. Wij weten dat niet alleen om dat zij tot eene familie van ouden adel behoorde, maar van hare zuster Henriëtte van Heeckeren vinden wij herhaaldelijk vermeld dat zij zoo erg godvruchtig was en steeds maar riep van Heere! Heere! Nu, zooals de éene zuster, met een kerkschen man gehuwd zijnde, haar geheele leven gebleven is, zoo zal de andere natuurlijk ook geweest zijn, vóor zij met een onkerkschen man in het huwelijk trad.

Dekker nu veranderde de denkbeelden *zijner* vrouw over godsdienst en liefde. Van den godsdienst, zooals hare familieleden die opvatten, maakte hij haar afkeerig op verlerlei manier. Gedurende de eerste jaren van hun huwelijk was dit zeker vaak het onderwerp van hun gesprek; maar na de ontslagneming, gedurende zijn lijdensperiode te Brussel vooral, was meer dan ooit deze zaak aan de orde van den dag in zijn brieven. Dubbel ergerde hem nu, dat menschen, die altijd van God en Gods liefde spraken, naar zijn indruk zoo weinig liefde voor hun evenmensch bleken te hebben. Uitlatingen als de volgende zijn daarom niet zeldzaam:

„Geloof me, lieve beste, waar een zeker soort van godsdienst in 't spel is, is het altijd zoo. 't Is phariseesche huichelarij die altijd een sabbath bij de hand heeft om 't schaap niet te helpen dat in de groeve ligt. Ook zij zouden den Christus kruisigen, mits 't maar geschieden kon onder beschutting van vreemd gezag. Ook zij zouden de handen vies terugtrekken van tollenaren, slagters en mijn arme Eugénie."

Toen Tine te Brummen vertoefde, op het buitengoed van den heer Jan Dekker, had deze haar naar haar geloof gevraagd. Zij schijnt niet goed geweten te hebben wat daarop te antwoorden, en geantwoord, dat zij 't zelfde geloofde wat haar man geloofde, maar dat die het beter uit kon leggen. Toen moet de heer Jan geantwoord hebben, dat zij haar man dan maar eens moest verzoeken zich daarover uit te spreken. En in een zijner brieven uit dien tijd geeft Dekker dan een geloofsbelijdenis. Hij, die door het minste en geringste hevig geraakt werd in die maanden vooral, begint echter met te zeggen dat hij 't een schande vindt dat zijn broeder Jan daarnaar nú juist heeft gevraagd. De aanleiding voor dat vragen moet geweest zijn dat de kleine Eduard Dekker, Multatuli's zoon, al spelend gezegd had: „die stok is onze lieve Heer." Als hij (de kleine Eduard) weêr onder ons dak is, schrijft Dekker, mag hij zeggen: onze lieve Heer is Grietje of pierewiet. En op Jan's vragen had Tine moeten antwoorden: „Jan, mijn plicht is te gelooven wat de man gelooft, die de macht heeft mijn arme kinderen op straat te zetten. De arme heeft geen recht op een eigen geloof." Want stond Jan, in deze omstandigheden die vraag doende, niet gelijk met een Algerijnschen zeeroover die een christengevangene vraagt wat hij van Mahomed denkt? Niettegenstaande dat alles, wilde Multatuli toch wel antwoorden. Zijn vrouw moet daarover een „opstelletje" hebben, en zij zàl het hebben, ofschoon hij het liever niet gaf omdat Tine's en zijn geloof zoo negatief is. Hij vervolgt met te zeggen, dat hun geloof is niet te weten wat zij te gelooven hebben. Zij zijn nog altijd aan het zoeken, en het eenige, waarvan zij nagenoeg zeker zijn, is: nooit te zullen vinden. Niet omdat zij minder goed dan een ander zouden gezocht hebben, maar omdat zij minder spoedig tevreden zijn met het gevondene. Vervolgens schrijft hij, dat veel hem zegt dat er een God is, omdat alles niet uit niets kan voortgekomen zijn; maar daartegenover zegt ook veel hem, dat er geen God is. Voornamelijk: de volmaaktheid van de natuurwetten, die aan het heelal iets machinaals geven, dat de gedachte aan Almacht buitensluit. Vervolgens zoude, indien er een God was, die zich wel aan hem geopenbaard hebben. Noch onderzoek noch de ingevingen van zijn hart hebben hem een God geopenbaard. De slotsom is, dat hij niet weet of er een God is, dat, als hij er is, hij goed moet zijn, dat hij Multatuli's diensten niet behoeft, dat hij hem dient door te trachten goed te zijn, en dat hij als eenig richtsnoer daarvoor zijn hart heeft.

Ziedaar de gedachten, die de lektuur der in dien tijd populaire wijze van oplossing van het wereldraadsel in Dekkers geest had achtergelaten, en die hij in zijne vrouw had overgeplant. Met wijsbegeerte of natuurkunde heeft dat al heel weinig te maken. Het is ongeveer de formuleering van een atheïsme, zooals elke onkerksche die min of meer bewust in zich omdraagt.

Nu rijst de vraag: was het goed van Multatuli gehandeld, hoorde het bij de nog al kalme liefde, bij de eenvoudig hartelijke toegenegenheid, welke hij zijne vrouw toedroeg, om haar godsdienst-gevoel te fnuiken zonder er iets anders voor in de plaats te kunnen geven, dan de vage redeneeringen eener praktische wijsbegeerte, die nauwelijks een man tevreden kan stellen?

Men kan zich tegenwoordig schier niet meer indenken in den toestand der gemoederen van dien tijd, toen menschen, die tot de meest ontwikkelden en besten van hun geslacht behoorden, er hun edelste bezigheid in vonden bij alle mogelijke gelegenheden hartstochtelijk tegen den godsdienst te ageeren. Er is iets griezeligs, iets al te kouds en buitensporigs in den spot van een vader, die zijn zoontje leert spreken met hoonwoorden gericht tot een wezen, dat zooveel honderden jaren door geheele geslachten, ook van kunstenaars en denkers, als het meest eerbiedwaardige is beschouwd en behandeld.

„Kom, Eduardje, zeg nu: die stok is onze lieve Heer" — waarom dat, zouden wij geneigd zijn te vragen. Wilt gij uw kind buiten den godsdienst opvoeden, begin dan met er hem in 't geheel niet over te spreken, doe hem dien naderhand kennen als een historisch verschijnsel, dat, als oorzaak van honderden daden, waarbij de ontslagneming te Lebak nog maar kinderspel lijkt, reeds daarom eenigen eerbied schijnt te verdienen; maar erger niet de geloovige menschen en daarbij de ongeloovigen van goeden smaak, door kinderlippen te gewennen godslasteringen te stamelen. Er is iets kinderachtigs en iets verdachts, iets zwaks eigenlijk gezegd, in dezen hevigen haat tegen een wezen, dat niet bestaat. Het doet denken aan de grenzenlooze gevoelens van haat en wrok, die de boerenfamiliën tegen elkander kunnen hebben, zoodat als de buurman-vijand b. v. een ongelukkige krankzinnige zuster in huis heeft, de andere buurman zijn kinderen reeds zoo jong mogelijk leert haar na te roepen: de malle, kijk, daar loopt de malle.

Doch, wij herhalen, wij die al deze verschijnselen historisch hebben leeren waardeeren, die ons niet meer van afkeer tegen de bestaande godsdienstvormen bewust zijn, eenvoudig omdat ze ons op zich zelf onverschillig zijn geworden, terwijl buitendien hun aspekt ons door zijn pittoresque eigenschappen artistiek doet genieten, — wij kunnen ons in den toestand nauwelijks meer denken van iemand, die om zoo te zeggen pas aan den godsdienst is ontgroeid en nu uit kwaadheid hierover, dat hij zijn eerste twintig levensjaren zoo onnoozel heeft gedwaald, aan het voorwerp dier dwaling zooveel als haat heeft gezworen. Het waren niet alleen de algemeene tijdsomstandigheden, de atheïstische gedachtenstrooming die over de wereld was gekomen, het waren ook waarschijnlijk Dekker's bijzondere levensomstandigheden, die, als een toestand van reaktie, den God-haat in hem hadden doen geboren geworden. In zijn jeugd was hij vermoedelijk langdurig in aanraking geweest met menschen, in wier zeden en gewoonten het „Geloof" zich van zijn minst beminnelijke zijde openbaarde. Men had hem, de wilde natuur, het opbruisende karakter, wellicht jaren en jaren in bedwang gehouden door verwijzingen naar allerlei harde leerstukken en onvermurwbare zedenwetten. Wie weet welke strenge gezichten, welke droge zielen van in der tijd geduchte katechizeermeesters en schoolvossen nog in zijne herinnering leefden, die hij of hij wilde of niet naar hartelust moest verachten en bespotten toen hij eenmaal aan den band ontsprongen was.

Bedenkelijker dan de spot met den godsdienst,

die aan de kinderen werd geleerd, was het uitroeien van het godsdienstig gevoel uit het hart van de vrouw. Op zich zelf reeds bedenkelijk, werd het bepaald huiveringwekkend, toen Dekker aan de vrouw, die hij ontnomen had wat tot zekeren tijd wellicht haar kostbaarste schat was geweest, ten slotte niets in de plaats kon geven dan verdriet en ellende.

Zeker, kunt gij, gehuwd man, als gij ontdekt dat uw vrouw zonderlinge en voor hare rust en gezondheid gevaarlijke eigenaardigheden heeft, b. v. een groote vrees voor spoken, voor voorteekenen, of andere gemeenlijk met den naam van „bijgeloof" aangeduide affekties, — zeker kunt gij niet beter doen, dan zooveel mogelijk trachten haar die dingen uit het hoofd te praten. Als uw vrouw dus een nerveus persoontje is, die het godsdienstig gevoel als een schrik-aanjagende fataliteit in hare ziel heeft, die het u den heelen dag lastig maakt met allerlei scrupules en naargeestige gemoedsbezwaren omtrent de eenvoudigste zaken en voorvallen des levens, die aanhoudend voorstellingen van „de hel" ontwaart in haar ontstelde verbeelding en weigert u naar den schouwburg te vergezellen omdat zij den vorigen avond Gods waarschuwende stem heeft vernomen, die haar dat verboden heeft, — dan zult gij haar een weldaad bewijzen met het licht der waarheid voor haar te doen opgaan, en haar, door het ongeloof, de gerustheid des gemoeds te schenken. Vooral indien gij er zeker van meent te zijn dat er maar een heel klein of in 't geheel geen lichthoekje zich naast de groote schaduwen bevindt, die de godsdienst geworpen heeft in de ziel uwer vrouw; en indien gij 't hoogst waarschijnlijk acht, dat gij steeds, het geheele leven door, met uwe liefde daar aan hare zijde aanwezig zult zijn om te voldoen aan de behoefte aan troost en verlichting, die uw levensgezellin wellicht menigmaal zal gevoelen.

Maar indien de godsdienst zich meest van hare lichtzijden aan uw vrouw heeft vertoond, indien zij de gerustheid en de blijdschap haars levens juist dáaruit voor een groot gedeelte put, — dan zult gij, al dwaalt zij naar uw meening, u toch twee keer moeten bedenken voor gij de hand aan die, voor haar schoone, dwaling slaat.

Multatuli had meer dan één reden, meer redenen dan gewone ongeloovigen kunnen hebben, om den godsdienst in den boezem zijner vrouw te smoren, want hij wilde dat daarin geen andere god dan hij zelf zou wonen. Men vatte dit niet op als dolzinnigen hoogmoed. Hij vond zich zelf, dat wil zeggen de groote, nieuwe waarheden in zich zelf en den schoonen, bezielden vorm, dien hij daaraan wist te geven, een beter, grooter en meer levende god, dan dien der oude voorstellingen, waarbij zijn vrouw was opgevoed.

Hij stond zoo veel boven haar, dat zij zich de wijziging, welke hij hare denkbeelden wilde doen ondergaan, met gretigheid liet welgevallen. Zooveel hechtte zij niet aan haar godsgevoel en godsdienstbegrip of zij wilde die wel vaarwel zeggen voor de nieuwe leer door haar man haar verkondigd. En als zij zich bedrukt voelde of neerslachtig door ziekte of ander levensleed, zou hij daar dan niet altijd wezen om haar op te beuren en moed in te spreken; was zijn trouwe borst niet voor het geheele leven onder haar bereik, om er haar hoofd tegen te laten rusten als zij moede was?

Toen Dekker later zijne vrouw aan haar zelve alleen overliet in allesbehalve heuglijke omstandigheden, zullen er misschien wel oogenblikken zijn geweest, dat hij er berouw over voelde eertijds den geloofsboom in haar binnenste te hebben geveld, waaraan zij zich nu in haar nood had kunnen vastklemmen. Wat moet die vrouw zich ongelukkig hebben gevoeld! Met hoeveel angst en wanhoop moet zij zich nu het geloof harer jonge jaren en de vertroostende kracht, die dit in der tijd voor haar bezat, te binnen hebben gebracht! Daar stond zij nu, zooveel als met ledige armen! Waar moest zij nu heen, waaraan zich steunen? De sterke man, in wien alleen zij al haar vertrouwen had gesteld, had haar verlaten, die steun was onherroepelijk voor haar verloren gegaan, en tot God kon zij zich niet meer wenden, omdat hij 't geloof aan dien God uitgeroeid had uit hare ziel. Hoe moet zij verzucht hebben: ach, kón ik nog maar gelooven, bezat ik het vertrouwen nog maar in God als in een liefderijk vader, dan was ten minste de toekomst nu niet voor mij zoo geheel grijs, donker en ledig!

Had Multatuli het huwelijk en zijne betrekking tot zijn vrouw anders opgevat, had hij, zij 't met opoffering van de grootere innigheid in den band, die noodzakelijk moest ontstaan waar ook de innigste en hoogste gedachten van man en vrouw hun gemeenschappelijk goed worden, — had hij haar godsdienstige gevoelens ontzien, zoodat die als een verborgen schat in haar binnenste konden blijven bestaan, hij zoude later de grievende verwijten nimmer hebben vernomen, die ongetwijfeld zijn geweten hem op sommige oogenblikken deed.

In verband met zijne godsdienstige, of liever ongodsdienstige, begrippen, had Dekker ook zijne opvatting van het huwelijk en de liefde gewijzigd. Hij had polygamische neigingen; en niet alleen had hij die „zoo maar" gelijk zoovele gehuwde mannen, maar hij bezat daar allerlei theorieën en redeneeringen over, die het oude, van het christendom afkomstige, gevoel daarover in hem moesten dood-praten. Even als hij met het godsdienstige had gedaan, wordt het uit verscheidene passages in de brieven duidelijk, dat hij ook op dit punt de hoogere opvoeding zijner vrouw op zich had genomen.

Van de vier relaties, waarvan wij in de brieven hooren: die met Pauline, die met Eugénie, die met Sietske Abrahamsz, die met het ongenoemde meisje, dat later een soort oplichtster bleek te zijn, — vier relaties, waaronder slechts twee, of wellicht maar één, van anders dan oppervlakkigen aard, — hield hij getrouwelijk zijn vrouw op de hoogte; zoodat, indien men in aanmerking neemt dat Multatuli bijna niets deed of hij had een stel redeneeringen ter rechtvaardiging zijner daden bij de hand, indien men er op let dat hij in 't algemeen theoretisch zeer ontwikkeld was en alles vastknoopte aan eene theorie, het meer dan waarschijnlijk wordt, dat hij zijne vrouw had beduid, dat zij op grond hiervan en op grond dáarvan, het behoorde goed te keuren indien haar man nog met andere vrouwen intiemen omgang had, nog andere vrouwen liefhad, dan met haar, en haar alleen.

Hiermede bevinden wij ons in aanraking met het onderdeel der korrespondentie, dat vele lezers vermoedelijk minder aangenaam zal hebben getroffen. Want al hebt ge vrij uw vrouw overreden, dat God niet bestaat, en dat de verschillende godsdiensten ouderwetsche larie zijn, waarmede verstandige menschen, die de negentiende-eeuwsche beschaving mede maken, zich niet meer behooren op te houden, dat dus ook zij van den godsdienst, waarin zij geboren is en opgegroeid, afstand behoort te doen, — daarom zoudt gij toch tevergeefs trachten haar ook aan 't verstand te brengen, dat uit de stelling, dat wij geen God kennen, die ons een leer- en zedenwet zou hebben geopenbaard, eene andere stelling afgeleid moet worden, inhoudende dat aan den man een zekere vrijheid van liefde of keus moet gelaten worden, geheel in strijd met het oude huwelijksbegrip, waarbij de vrouw een éénig recht op haar man had, of waarbij ten minste het den man als een eerste plicht was opgelegd de trouw ongeschonden te handhaven, die hij zijner vrouw bij den aanvang hunner verbintenis had gezworen of beloofd.

Het is mogelijk dat menschen, die gevoelen gelijk wij, als laat-negentiende-eeuwers min of meer een mal figuur maken; het is mogelijk dat wij, om konsequent te zijn, nu wij het oude geloof aan één God hebben verlaten, met de geheele levensbeschouwing, die daarvan onafhankelijk was, ook ons begrip omtrent den echt zouden dienen te wijzigen, en, in samenhang met dat begrip, de sentimenten die er de uitvloeiselen of de basis van zijn; maar wij kúnnen dat niet, en, konsequentie of geen konsequentie, daarmede is alles gezegd. Ons begrip kunnen wij wel wijzigen, met genoegen zelfs indien het iemand aangenaam kan zijn, maar ons gevóel, zie, dat is een heele andere zaak, dat kan veel minder gemakkelijk gewijzigd worden. Bewijst ons nu maar met a plus b, dat het christendom heeft uitgediend, en dat men dientengevolge, het eene logisch afleidend uit het andere, tot het besluit moet komen, dat wij de oude christelijke sentimenten omtrent de heiligheid van het huwelijk en de schoonheid der smettelooze trouw tusschen man en vrouw moeten laten varen, om vervolgens ook onze praktijk naar de nieuwe begrippen te regelen, gij zult met de meest spitsvondige bewijsvoeringen ons gevoel, dat wij als de erfenis van achttien eeuwen in ons bloed dragen, niet omverpraten. En tot dat gevoel behoort, dat wij het bepaald wreed, afschuwelijk wreed vinden, de hand van het koele moderne gezond-verstand te slaan aan de schoone en teedere bloemen van christelijke huwelijkstrouw, die daar bloeien op die verborgen plekjes in het hart der vrouw, waar het woord van den man niet ontwijdend mag binnendringen.

Wij kunnen niet aannemen, dat Tine in haar hart toegejuicht zou hebben, dat haar man zich met andere vrouwen afgaf; wij kunnen ons wel voorstellen, dat zij eene zoo onbegrensde vereering koesterde voor Multatuli's inzichten, *dat zij trachtte*, wijl hij het goedvond, het zelve ook goed te vinden, indien hij haar ontrouw was, maar ongetwijfeld is haar dit *nooit* gelukt en deden zijne mededeelingen over *zijn* avonturen haar grievend leed, hoezeer ze dit ook voor hem geheim poogde te houden.

Indien Multatuli dit zelf niet inzag, moet zulks aan gebrek aan menschenkennis geweten worden;

zag hij het wèl in, dan komt ons zijn gedrag in dezen geheel en al onverschoonbaar voor. En, alles in aanmerking genomen, vreezen wij, dat hij 't half en half begreep, zonder zich volledig van den toestand rekenschap te geven; en nu, uit een soort van goedig-plagerige dwingelandij, haar geen enkel der berichten spaarde, die haar wellicht hinderden, maar die haar dan hinderden tengevolge van eene opvatting, welke zij, om zijnentwil, reeds lang had behooren prijs te geven. Zoo denken wij ons zijn standpunt.

Stelt u voor een man, een echtgenoot, die zijne vrouw in de kommervolste omstandigheden van hem gescheiden moet doen leven, eerst in een zeer ver afgelegen land, later nog steeds in een ander land, op eene dagreize van hem verwijderd, en dat die echtgenoot dan aan zijn vrouw, die hem liefheeft en aanbidt, onophoudelijk dingen schrijft als (van vreemde of haar nauwelijks bekende jonge vrouwen schrijvend): Lieve Tine, beste trouwe Tine, ik heb Pauline weêr gezien, zij had haar onecht kind op haar schoot.... lieve Tine, ik heb vruchteloos gepoogd Eugénie hier weêr te ontmoeten, je herinnert je, dat is dat meisje dat ik in der tijd uit een publiek huis heb medegenomen,... lieve Tine, ik ben verliefd op Sietske Abrahamsz, je weet wel, dat mooie lieve nichtje van ons.... lieve Tine, elken ochtend komt er een meisje bij mij ontbijten,.... lieve Tine, ik heb allerlei amourettes, te veel om te vertellen... Enz. Enz.

....Je wordt nu wel een opwelling van wrevel daarover gewaar, lieve Tine, maar herinner je maar, dat wij afgesproken hebben, dat ik je duidelijk heb gemaakt, dat ik je heb doen inzien: je moet dat goedvinden, je moet daarin berusten.... ik blijf altijd van jóu het méest houden, dat weet je wel.... op die Sietske ben ik puur verliefd,.... die arme Eugénie, je moest haar kennen.... neen, neen, kind, bedwing nu je afkeer; ik, weet je wel, ik, die zoo ontzettend veel wijzer, rechtvaardiger en beter ben dan jij, die zooveel als je opvoeder in alles ben geweest, ik zeg je: je moet je meester blijven, je moet je niet door je gevoel laten medeslepen, maar je verstand raadplegen; ....ik vertel je opzettelijk zooveel van mijn relatiën met andere vrouwen om je op de proef te stellen, om te zien of het goede inzicht niet bij je zal zegevieren,.... wees dus nu verstandig en trek het je niet aan.... je zult nog wel meer hooren, gisteren ontmoette ik nog een dame, die....

Dit zijn in 't geheel geen citaten, wij bedoelen alleen, dat men dien geest en dien toon bespeurt in de brieven. En wij willen de vrouw beklagen, die daaraan blootstond. Ach, met hoeveel bitterheid moet zij zich later deze korrespondentie herinnerd hebben, toen zij merkte, dat haar man voor altijd van haar scheiden zou. Dáarvoor had zij zich dan deze gruwelijke plagerijen getroost, dáarvoor had zij een vriendelijk gezicht gezet als zij leed gevoelde van binnen, dáarvoor had zij de stem van haar gevoel gesmoord, wijl zij het hooge verstand van haar man over haar vrouwelijk gevoel wilde doen zegevieren — om nu te zien dat hij ten slotte geheel van haar vervreemdde.... Wie had gelijk gehad? Zíjn verstand of háar gevoel? O, die stille stem van binnen had het haar wel altijd gezegd.... Zij had altijd, wel flauw, een wanhopig vermoeden gehad, dat het onvermijdelijk eens zóó worden zou....

Beschouwen wij thans Multatuli in zijne verhouding tot de opeenvolgende minnaressen, die een plaats konden innemen in zijn hart, dat niet geheel alleen door Tine ingenomen bleek te zijn.

Vóór de genegenheid, welke Multatuli opvatte

voor mejuffrouw Hamminck Schepel, die later zijn tweede echtgenoote werd, treffen wij de meergemelde Eugénie aan, als de eerste en voornaamste vertegenwoordigster dergenen, die Tine's deelgenooten werden in zijn omgang en liefde.

De betrekking van Multatuli met Eugénie hebben wij bekeken: vooreerst wat aangaat den indruk, dien Multatuli's verwanten en in 't algemeen de maatschappij daarvan moest ontvangen; vervolgens wat aangaat het gevoel *dat* de mededeelingen daaromtrent bij Tine moesten gaande maken; thans geldt onze overweging het geval op zich zelf, de verklaring van dezen toestand zooals die zijn aanleiding vond en zich weêrspiegelde in Multatuli's gemoed zelf.

Het is ons niet te doen een absoluut en leerstellig standpunt in te nemen ter beoordeeling van het gedrag van een gehuwd man, die publieke vrouwen frequenteert of op andere wijze buiten het huwelijk liefdesbetrekkingen onderhoudt. Dit standpunt zij overgelaten aan moralisten en staathuishoudkundigen. Wij willen vooropstellen, dat wij het laakbare in Multatuli's handelwijze slechts hierin vinden, dat hij zijne vrouw van zijn faits et gestes op de hoogte hield, en haar onzes inziens daardoor ten diepste moest grieven.

Het is een bekende stelling van den hertog De Richelieu, dat men met het grootste gemak en zonder gevaar voor onze gemoedsrust meer dan éene vrouw te gelijk kan beminnen. Maar eene dergelijke stelling kan alleen ontstaan in het brein van en als psychologische kuriositeit geformuleerd worden door lieden, die van de liefde eene opvatting hebben, zooals aan de Bourbonhoven van vóór Lodewijk den XVI^{den} in zwang was en een paar eeuwen in zwang is gebleven. Zij bedoelden met het woord liefde, noch de groote passie, die de werkelijkheid voor hem die haar ondervindt als 't ware van gedaante doet veranderen en aan het voorwerp der liefde zooveel als een bovennatuurlijken glans en ook macht verleent, zoodat hij letterlijk door het voorwerp dier liefde „betooverd" lijkt en dus dat veel gebruikte woord nu tot eene wezenlijke waarheid maakt; evenmin hadden zij er de innige, in haar eenvoud groote, trouwe, genegenheid meê voor, zooals het christendom ons die heeft doen koncipiëeren en die het eigenaardig huwelijkssentiment is van ons, westersche, monogamische volken; maar zij bedoelden er meê eene liefde, die wel eenige oppervlakkige overeenkomst vertoont met de oostersche liefde, maar toch het eigenaardig beestachtig wilde van den haremwellust mist, en van een kleiner, een wel fijner, wel beschaafder, maar tegelijk nietiger opvatting getuigt; zij beschouwden de liefde als een gril, een caprice, eene toquade, een aangename tijdelijke manie, meer niet; en inderdaad, indien men haar aldus opvat, is er een reden om, zich in een tijdverdrijvend spel van intrigue en coquetterie werpend, meer dan éene vrouw tegelijk te courtiseeren. Of men dan met een dier verschillende vrouwen toevallig gehuwd is, doet er niet toe; dat is in zulk een geval een bijkomende omstandigheid zonder beteekenis of waarde, want van het huwelijk eigenlijk gezegd en de gevoelens van eerbied, trouw en bescherming, die het in onze ziel onderhoudt, is daarbij in 't geheel geen sprake meer. Dit is geen werkelijk beminnen, en meer dan éene vrouw te gelijk waarlijk lief te hebben, past niet in onze westersche psychologie en is eene onmogelijkheid.

Niet alleen dus, dat Dekker de groote verterende passie niet kende, maar uit het feit, dat hij, alleen op zijn gemak door Europa reizende, bordeelen bezocht en langdurige betrekkingen aanknoopte, is op te maken, dat de hartelijke genegenheid, welke hij koesterde voor zijn vrouw, er in alle opzichten een was van de allergewoonste soort, en dat die genegenheid volstrekt geen poëtisch teeder en religieus karakter in zijn gemoed had aangenomen.

Als een getrouwd man en garçon uit is met vrienden van vroeger, en men is wat gemonteerd doordat men den kelder een weinig te veel heeft aangesproken, en men sukkelt, om het feest voort te zetten, zulk een huis binnen en vermaakt zich daar tot het krieken van den ochtend, — nu, dát wordt door eenigen als eene vrij vergeeflijke gebeurtenis beschouwd. De bewoonsters blijven bij haar beroep, men vermaakt haar en zichzelf, en laat ze wat verdienen.

Dekker vond het buitendien in beginsel goed: Wat zou het? Genot is deugd, vermaak is gezond, ieder man, gescheiden van zijn vrouw levende, heeft daar behoefte aan, het is een hygiënische gymnastiek, en, de alles beheerschende rechtvaardiging: niemand lijdt er immers schade door, niemand immers wordt er ook maar een greintje leed door berokkend. Hij vond het, voor personen zooals hij, zelfs bijzonder aanbevelenswaardig: omdat het goed is voor publieke vrouwen, die arme, medelijden-wekkende schepselen, die zoo algemeen veracht worden door vromen en schijnheiligen, die zoo weinig het voorwerp zijn der elders dikwijls zoo ruimschoots bestede naastenliefde, die meestal slechts met gemeene, liederlijke mannen in aanraking komen, — omdat het voor dezulken heel goed is eens een man te ontmoeten, die haar ten minste nog als menschen beschouwt, die het oprecht goed met haar meent, haar een vriendelijk woord zal toespreken en op beschaafde, edele wijze met haar zal verkeeren. Ja, dus redeneerde hij, geholpen door zijn steeds dadelijk bij de hand zijnde fantasie, waarschijnlijk door: het was een weldaad, die hij haar bewees, het was een hoogere plicht, dien hij vervulde, hij dacht aan vele groote namen uit de wereldgeschiedenis, wier dragers met courtisanes omgang hadden gehad, hij vergeleek zich, ook nu weder, met Christus, die immers Maria Magdalena toeliet zijn voeten te wasschen en vergaf aan de overspelige vrouw. En zoo voorts, en zoo voorts.

Dit is alles goed en wel. Wij herhalen, dat wij niet partij wenschen te kiezen in de beoordeeling van het geval in 't algemeen van een gehuwd man, die en garçon uitgaat. Er komt altijd belofte-breuk bij te pas, de breuk namelijk van de belofte, die men zijn vrouw heeft gedaan van háar alléén tot den dood toe getrouw te zullen zijn. Maar er zijn tal van argumenten beschikbaar om in zekere gevallen een beloftebreuk te wettigen, en wij zullen ons niet in eene moralistische uitpluizing van deze zaken verdiepen. De hoofdzaak is ongetwijfeld, dat er niemand leed worde gedaan.

Maar, — hierop willen wij neêrkomen — Dekker wás niet op een dronkemanspartij en met vrienden uit; hij reisde geheel alleen, en ging, in koelen bloede, dat zelf in alle opzichten goedvindend, daarheen. En nu zeggen wij allééń, dat dáaruit blijkt, dat zijne genegenheid voor zijn vrouw niet van o n g e m e e n teederen aard was. Immers al deed hij hier geen leed (op dat oogenblik ten minste niet, later deed hij haar dat wel door zijne op theorie berustende zonderlinge opvatting van het echtgenootschap, welke hem haar van al zijn avonturen op de hoogte deed houden), al deed hij háar dus geen leed, noch Eugénie, en al deed hij zich zelf een genoegen, dus het tegendeel van leed, en al schijnen dus al de bij het geval betrokken personen veilig voor leed, — tóch zou hij, ware zijn genegenheid voor Tine van hoogeren aard geweest, het edelste gevoel in eigen borst door zoo eene handeling een kwetsuur hebben toegebracht, waarvan de schrijnende pijn het genoegen dat hij er op andere wijze van **had**, ten zeerste beperken moest, zoo al niet **geheel** vernietigen.

Want, indien de gehuwde man, die zijn vrouw met vrome trouw bemint, op de purperen sofa heeft plaats genomen, en daar in eene weelderige afzondering zich opsluit met eene vreemde, kleurrijk uitgedoste, vrouw, wier mond met den beroepsglimlach hem tegenlacht, wier oogen, boven de half weg-geblankette vale kringen schel schitteren van de nachtelijke vreugden, wier adem riekt naar den professioneelen feestwijn van elken dag — en hij moet dan liefkoozingen ontvangen, en hij moet liefkoozingen geven, dezelfde, ja werktuiglijk de zelfde liefkoozingen, welke hij anders in een stillere, meer zedige eenzaamheid alleen voor zijn eenige vrouw overheeft, — dan komt er een groot, pijnigend, wanhopig verdriet, en een spijt vol wrok en wrevel in hem op, die hem al het hier aanwezige ruwe en bonte genot zal vergallen.

Vooreerst is het de ontwijding der liefde, die een niet onderdrukbaar gevoel van groote neerslachtigheid over hem zal brengen, waar de stralen van de schitterende lichtkroon noch het gefonkel van het door den wijn goud gekleurd kristal iets tegen vermogen. Niet de ontwijding der liefde, omdat hij leerstellig het huwelijk voor eene vereeniging der zielen zou houden, en de vereeniging zonder liefde, zonder ziel, dus voor eene profanatie van dat huwelijksbegrip; veel minder eene ontwijding der liefde omdat hij het in beginsel iets slechts zou vin den, er aan toe te geven zonder dat een geestelijk of burgerlijk ambtenaar van te voren daartoe een brevet van bevoegdheid heeft uitgereikt; want wij spreken van een modern gewoon menschelijk gevoelend man; maar eene ontwijding der liefde omdat hetzelfde wat alleen waarde en beteekenis scheen te hebben in het verkeer met de eenige, ziels-vertrouwde, voor het geheele leven uitverkoren éénige vrouw, hetzelfde, wat een onmisbaar schijnend teeder mysterieus karakter verkreeg, als de verwezenlijking van lang gekoesterde slechts half bewuste verlangens, waar zij niet nader ontleed, zich in zoo een dronkenschap van reine zaligheid voltrokken, dat men alleen den indruk kreeg dat het wezen op zijn innigst met het éénig geliefde wezen één werd, waarbij het lichaam werd vergeten en het scheen als hoorde men nu alleen duidelijker elkanders harteklop, als waren de harten nu slechts op een bijzonder innige wijze tot elkaâr genaderd; omdat dit zelfde, anders een mysterie dat een langzaam gegroeide vervoering bekroonde, nu zijn hooge charme verliest door de brutaliteit, waarmede het eenvoudig als pikant tijdverdrijf aangewend blijkt te kunnen worden. Eene ontwijding der liefde, omdat zij ontnuchtert van de edelste aller dronkenschappen. Omdat zij van een poëem eene machinerie maakt, van een visioen een fysiologisch experiment.

Ten tweede zal het genot van den bovenomschreven echtgenoot verbitterd worden, omdat zijn verbeelding hem zal beginnen te plagen; onophoudelijk zal de figuur zijner kuische vrouw zich in zijne gedachten dringen, als eene die hem zacht droevig zijn schennis van hun vertrouwelijken omgang verwijt. Hij zal zich het diepe verdriet voorstellen, dat haar zou vervullen indien zij hem hier eens zag. Hij zal vergelijkingen gaan maken, hij zal dat móeten, hoe weinig gaarne hij 't ook doet, zijn geweten zal er hem toe dwingen, — tusschen zijne vrouw en degene, die thans naast hem is. In de geheele afschuwelijkheid harer grimeering, van haren weelderigen verleidingstooi, harer geveinsde lachjes en gespeelde minzaamheid zal zijn tijdelijke gezellin hem plotseling voor oogen komen; zijn blik zal zich verscherpen, hij zal achter haar masker van cold-cream en rouge impérial de sporen van het vroegtijdig jeugd-verlies en de aanhoudend walgelijke vermoeienissen zien, en hij zal zich verwenschen, dat hij tot deze sjacheraarster van genoegens gelijkluidende liefde-woorden sprak als anders slechts de intieme stilte binnen de zedige wanden van zijn huiselijk geluk van zijn lippen hoorde komen. Hij zal daar als een aangeleerde manoeuvre, gebaren zien maken, en ze herkennen als de zelfde, welke hij als eene argelooze, spontane, naïeve, kinderlijke beweging heeft gezien. En als hij dan zijn hoed niet neemt en wegsnelt, is hij een man zonder ziel en zonder smaak, of liever, — wat wij hier van Multatuli betoogen — bemint hij zijne vrouw met eene vulgaire koele genegenheid.

Zien wij nu, hoe Dekker, eenmaal er aan gewend die huizen te bezoeken, zijne langdurige betrekking met Eugénie tegenover zich zelf verontschuldigde en tot iets zoo moois maakte, dat bij de overdenking dier betrekking de edelste neigingen zijner ziel niet uitgesloten behoefden te blijven.

't Moge zijn dat Dekker in lang geen publiek huis bezocht had, toen hij Eugénie leerde kennen, en dus niet goed besefte, dat hare mededeelingen overeenkwamen met de gewone praatjes dier zeer tijdelijke geliefden, die haar bezoeker bijna altijd een in hoofdzaak gelijkluidend verhaal doen, waarin steeds dezelfde episoden voorkomen: 1°. zijn zij dochters van boeren of arme werklieden en verleid en ongelukkig gemaakt door een vrijer, die beloofd had haar te trouwen en aan wiens woorden zij geloof hadden geslagen; 2°. hebben zij éens, toen zij figurante in den een of anderen kleinen schouwburg waren, of ook, toen zij het wilde leven reeds waren begonnen, eene schitterende relatie gehad met een schatrijk of hoogst voornaam jongmensch, die haar gedurende eenige maanden als eene prinses heeft doen leven, welke relatie voor altijd eene glansrijke herinnering bij haar heeft achtergelaten; 3°. zijn zij daarna van het eene huis in het andere gekomen en hebben nu hetzij de flauwe hoop dat een zéér jonge man nog eens de een of andere dwaasheid om harentwil zal begaan door haar als maitres te nemen, hetzij de ambitie met een flinken kellner of kappersbediende een „net" huwelijk aan te gaan, hetzij de hoogere eerzucht zelf eens aan 't hoofd van een dergelijk etablissement te staan als waaraan zij nu ondergeschikt zijn verbonden en op hare beurt te kommandeeren; — òf 't moge zijn, dat Eugénie tot de niet zoo frequent voorkomende vrouwen van dat slag behoorde, die gouvernante, kamenier of juffrouw van gezelschap geweest zijn, dat hare konversatie dientengevolge iets meer gesoigneerd was en zij een weinig betere manieren had, dat bij haar sterker dan bij hare beroepsgenooten het verlangen sprak om van het leven aldaar verlost te worden; — zéker is, dat Dekker zich tot haar aangetrokken gevoelde door de verwantschap die hij tusschen haar toestand en den zijnen bespeurde. De geheimzinnige sympathie, die tusschen de rassen van paria's bestaat en door De Goncourt ter sprake wordt gebracht, waar hij het intieme verkeer van soldaten en dergelijke vrouwen behandelt in La fille Elisa, — die zelfde sympathie was het, welke Dekker er toe dreef, zich in een ongewoon intiem kontakt met Eugénie te begeven. Hij bevond zich daar tegenover eene vrouw van oorspronkelijk goeden en fatsoenlijken aanleg, die, eigenlijk buiten hare schuld, en niet alleen buiten hare schuld maar tengevolge van het uit goedheid, uit edelmoedigheid, toegeven aan eischen, door een man, dien zij het meest vertrouwde, haar gesteld, — door de maatschappij was uitgestooten en genoodzaakt met het uitoefenen van een ellendig beroep, op een niet te avouëeren wijze, in haar onderhoud te voorzien. Nu, was er dan niet een treffende overeenkomst tusschen haar lotgeval en het zijne? Was ook hij niet ongelukkig geworden en door de maatschappij uitgestooten, omdat hij een te goedgeloovig vertrouwen in de leden dier maatschappij had gesteld? Hij óok had, zonder voorzichtigheid, zonder om te zien, geluisterd naar de stem van zijn hart, denkend dat de maatschappij hem daarvoor zou loven en beloonen.

Hij dacht nu van zich zelf: ik ben goed, de maatschappij is slecht; ik heb de ware liefde, den waren harteadel; en nu wilde hij samengaan met die andere verstootene, wijl ook zij de ware liefde, den waren harteadel had, of althans gehad had, hoezeer die nu ook schuil was gegaan in hare verworpenheid.

Dekker vond het in alle opzichten iets schoons en edels om deze vrouw te beschermen en bij te staan; in die handeling was een protest, een protest van menschenliefde en zielegrootheid tegen al het laffe, lauwe en kleinzielige der maatschappelijke opvattingen.

Behalve eenige zinnelijke liefde, waarvan overigens weinig blijkt, maar die toch zeer waarschijnlijk met het andere gevoel vermengd was, was het dus een algemeen, half en half theoretisch, gevoelen, een revolutionair gevoelen, gericht tegen maatschappelijke denkbeelden, èn een bijzonder gevoel van medelijden, dat Dekker zich het lot van Eugénie dermate deed aantrekken.

Zonder dat hij 't zich ten volle bewust was, werd, zoo stellen wij het ons voor, het gevoel medelijden in Dekker één met de zinnelijke liefde, evenals dit bij vele vrouwen het geval is. Vele vrouwen toch, die zich overgeven aan een man, doen dat veeleer uit goedheid, uit medelijden, uit zucht om hulp te bieden, dan uit zinnelijke aandrift. Zij willen dien armen minnaar tevreden stellen, zij willen hem gelukkig maken, en het besef der voldoening harer eigen zinnen gaat te loor in haar wetenschap van 'een groote weldaad te bewijzen, van het hoogste weg te schenken, van het kostbaarste afstand te doen, waarover zij te beschikken hebben. Hier neemt de liefde het karakter aan van hoogste menschlievendheid.

Dekker vond het geval buitendien interessant. Hij had behoefte, een koortsige behoefte, aan interessante ontmoetingen en lotgevallen. Daarom drong hij zich op, dat Eugénie een veel buitengewoner persoon was, dan zij in werkelijkheid zal geweest zijn, daarom verfantazeerde hij haar tot een soort heldin, aan wier zijde het hem voegde te treden. Zij gaf hem eene soortgelijke gewaarwording als iemand, die voor het eerst in een ver van zijn geboortegrond gelegen centraalwereldverkeerstation komt, van de zich daar bevindende in vreemde engelsche reisdracht gestoken gebasaneerde medereizigers ontvangt. Hij ziet een man met vaste trekken, donkere gelaatskleur, groote, strenge, zwarte oogen, die zich met een beteuterende kalmte door wachtzalen en perrons beweegt. Dit moet wel een zeer gewichtig en belangrijk personage zijn, denkt hij dan. Later blijkt het te wezen de gewoonste aller scheepskapiteins, die wel zijn beroep goed kent, maar overigens in niets uitmunt en het heen- en wedervaren tusschen Europa en Amerika met dezelfde werktuiglijkheid jaar aan jaar verricht, als een vaderlandsche schoolmeester dagelijks zijn klassen bestuurt.

Dekker achtte de ontmoeting van Eugénie bepaald een uitnemende vondst. Hij had nu gezelschap, een in alle opzichten aantrekkelijk gezelschap, op reis. Wat was daar niet een delicieuze afleiding voor zijn kommer en zorg in, om met die belang inboezemende fransche dame op reis te zijn, steeds in vriendschappelijke gesprekken met haar gewikkeld, haar begeleidend in hotels en stations, haar steunend bij het instijgen van rijtuigen, bespied, in stilte gelukgewenscht en benijd door die omstanders, welke iets van de verhouding begrepen!

Toen Dekker later Tine met Eugénie in kennis bracht, zoodat er, indien wij onze oogen en de mededeelingen van de uitgeefster der Brieven mogen gelooven, eenige vriendschap tusschen de vrouwen ontstond en Tine jaren lang met Eugénie eene briefwisseling onderhield, — toen volvoerde hij alleen tot de alleruiterste konsequentie, wat zijne theorie hem dwong in deze dingen goed te vinden. Ons is dit te machtig, wij zouden er schier benauwd van worden; ons kan dit volkomen ten ondergaan van het gevoel van waardigheid in de eene der vrouwen niet anders dan pijnlijk aandoen.

Uit het feit dier briefwisseling blijkt voorts ten overvloede nog eens verrassend duidelijk, welk een alles beheerschenden invloed Dekker op zijne vrouw oefende. Niet dat zij zich tegen haar zin met Eugénie in verkeer zou hebben begeven, maar dat zij, tegen alle modern Europeesch vrouwelijk gevoel in, er behagen in vond met de gewezen maitres van haar man om te gaan, bewijst dat haar gevoel zich, door het voortdurend aanhooren der denkbeelden van haar man, verbazend vervormd had.

Over Pauline, Dekker's tweede beschermeling, waarvan in de brieven sprake is, vernemen wij weinig meer dan het volgende (dl. I, blz. 50):
„En toen ik bij die Pauline kwam, die zich verstout een kind te hebben vóór 't huwelijk, en toen zij mij zeide dat zij altijd eten kreeg van de Prince Belge zonder te betalen, omdat „le vieux n'osait pas refuser, car, voyez vous, il savait bien que vous reviendriez" en dat dit zoo gelukkig was, want zij zoogde haar kind en had dus eten noodig... Kijk, dat deed mij toch pleizier dat men eene zoogende moeder eten had gegeven om mijnentwille."

Uit deze regelen valt niet rechtstreeks op te maken, dat Dekker met Pauline intiemen omgang heeft gehad. Wij meenen ook dat hij elders als iets zots verhaalt, dat iemand gevraagd had of Pauline zijne maitres was. Maar wellicht vond hij alleen het woord maitres ten opzichte van Pauline gebruikt, dwaas of spotte hij om een andere, dergelijke reden, met die vraag. In aanmerking genomen Dekker's denkwijze over dit onderwerp en daarbij de eigenaardigheden van Pauline, zooals wij die uit bovenstaande beschrijving leeren kunnen, wint het vermoeden aan waarschijnlijkheid, dat er tusschen hen meer is voorgevallen dan de wisseling van een enkelen dankbaarheidshanddruk. Immers, dat men aan Pauline kosteloos voeding verstrekte, wijl men wel wist dat Dekker eens terug zou komen, toont dat er eene innige verstandhouding tusschen die twee bestond, waarvan de herbergiers-familie wist.

Pauline behoorde blijkbaar tot de laagste volksklasse. Indien wij dus mogen veronderstellen, dat er eene relatie tusschen haar en Dekker bestaan heeft, vinden wij daarin zooveel als een vervolg op en eene konsequentie van zijne betrekking met Eugénie. In den tijd toch, dat Dekker met Pauline zou geleefd hebben, in den tijd ook dat hij haar later weder ontmoette, had hij 't zelf veel armoediger dan gedurende zijne minnarij met Eugénie. Hij was dus in alle opzichten een trede lager gegaan. En zeker was hier het medelijden nog meer versmolten met het andere gevoel.

Pauline, een geheel onbeschaafde vrouw waarschijnlijk, en die dus b. v. ook aan haar toilet slechts uiterst geringe zorg besteedde, was het meest geschikte schepsel, in wier omarming Multatuli zijn groot verdriet en zijn hevig protest tegen de maatschappij kon uitsnikken.

De derde vriendin van Dekker, die ons weder een trede opwaarts voert naar een geheel andere schakeering van het verkeer met vrouwen, is degene, die men niet beter kan aanduiden dan met den naam van „het stomme ontbijtstertje."

In een brief van 17 September 1860, schrijft Dekker: „Alle morgen om negen uur komt er een meisje bij mij ontbijten. Zij mag een uur blijven, maar niet praten, dat is een komieke geschiedenis."

Van deze geschiedenis vernemen wij (dl. I, blz. 151) het volgende: Dekker liep eens door Amsterdam te kuieren, toen hij op het Damrak werd aangesproken door een jong, als dame gekleed, meisje, dat hem vertelde dat zij zoo'n honger had. Zij voegde er bij, dat zij deze mededeeling aan niemand anders dan aan hem alleen zou durven doen. Hij gaf er zich op dat oogenblik geen rekenschap van of zij bedoelde, dat zijn uiterlijk haar zooveel vertrouwen inboezemde of dat zij zijn naam en reputatie kende. Het was precies iets voor zijn royale, genereuse natuur, het paste daarbij uitnemend in zijn lust tot weêrstreving van maatschappelijke gewoonten, om het meisje niet af te schepen met een zwijgende weigering noch haar het adres van Liefdadigheid naar Vermogen op te geven, maar om haar welwillend te woord te staan. Hij had in dat geval ook kunnen volstaan met haar eenig geld in de hand te stoppen; maar hij vond er al weder eene belangrijke ontmoeting in; hij wilde wel eens kennis maken met deze ongelukkige, vermoedelijk, naar hem docht, weder een slachtoffer van de wanverhoudingen der maatschappij, en, waarschijnlijk om tevens zeker te zijn dat zij hem niet bedroog, besloot hij haar te vergezellen om haar in de een of andere gelegenheid naar haar genoegen zich te laten verzadigen. Hij stak daarom het IJ met haar over en liet haar aan het Tolhuis zich te goed doen aan broodjes met vleesch. Zij vertelde hem hare geschiedenis: dat zij, in 's-Gravenhage te huis hoorend, hier tijdelijk een kamer had gehuurd om zaken voor haar vader te doen, maar dat al haar geld op was, enz. Het gevolg was, dat hij, die ook op dat oogenblik geen geld had om dagelijks een middagmaal voor haar te bekostigen, voor haar wenschte te doen al wat in zijn vermogen was en haar daarom uitnoodigde elken ochtend op zijn kamer op de Botermarkt te komen ontbijten. Zij nam dit gretig en dankbaar aan. Nu was echter het grappige van den toestand, dat Dekker in het begin van den dag liever geen gesprekken hield (waarschijnlijk wijl hij vreesde zich dan te veel te epancheeren, zoodat zijn aandacht zich niet genoeg meer koncentreerde op het schrijfwerk, dat hij wilde verrichten en hij vreesde zijn kracht te verpraten in plaats van haar alleen voor zijne schrifturen aan te wenden). Zij kreeg dus verlof bij hem te komen en een uur te blijven, maar zij mocht geen woord zeggen. Deze zonderlinge omgang duurde eenige weken. Eindelijk kon Dekker haar het benoodigde geld verschaffen om naar 's-Gravenhage terug te keeren, en zij bewees hem hare dankbaarheid, door hem van daar uit een paar door haar geborduurde pantoffels ten geschenke te zenden.

Eenige maanden later ontving Multatuli het bezoek van dien zekeren dokter in de Letteren, waarvan wij in de Minnebrieven lezen. Om het in nood verkeerende gezin, waarvoor de dokter zich interesseerde, te helpen, stond Multatuli toen het voor de Minnebrieven bedongen honorarium af. Na dien tijd vernam hij dat de dokter in de Letteren verloofd was met eene dochter uit het gezin, dat hem zooveel belang inboezemde, en dat hij hem met zijne aanstaande zou komen bezoeken. En toen Multatuli dat bezoek ontving, toevallig geschoeid met de gemelde pantoffels, herkende hij in de bruid van den dokter zijn zwijgend ontbijtstertje. Zij deed, alsof zij hem nog niet kende, bedankte hem ten zeerste voor wat hij voor hare familie had gedaan en vroeg hem of zij hem niet eens eene kleine oplettendheid zou mogen bewijzen, door b. v. 't een of ander voor hem te borduren. „Pantoffels heeft u al, zie ik" voegde zij er bij. Nu werd Dekker, die op eens het stellige vermoeden kreeg, dat het meisje zelf, ontevreden met wat zij persoonlijk van hem had kunnen halen, den dokter op hem had afgestuurd, boos en dreef zijne bezoekers met zachten dwang de deur uit. Hij wist zich echter genoeg in te houden om niet te doen merken, dat hij haar herkende en daarmede eene onaangenaamheid tusschen de twee verloofden te weeg te brengen, indien de dokter soms van het ontbijten niets afwist. Ons komt het evenwel waarschijnlijker voor, dat de dokter, die zich professioneel met de letterkunde bezighield en dus eerder dan het burgermeisje met Dekker's, uit zijn geschriften blijkend, medelijdend karakter bekend geweest zal zijn, reeds met het meisje zoo goed als verloofd was ten tijde dat zij Dekker het eerst aansprak en dat de dokter haar op Dekker af zal hebben gestuurd, meenende dat een bede om hulp uit den mond eener vrouw nog zekerder onweêrstaanbaar voor Multatuli zou wezen dan het verzoek van een litterator. Toen nu echter de verleende hulp niet aan de verwachtingen beantwoordde, trok de dokter toch zelf maar de stoute schoenen aan, en slaagde ook werkelijk, gelijk wij gezien hebben, beter.

De vierde vrouwenfiguur, tot wie Dekker zich, in deze periode zijns levens, bijzonder aangetrokken gevoelde, was Sietske Abrahamsz. Wij voegen hier aanstonds bij, dat wij met de bespreking der genegenheidsbetrekking, welke eenigen tijd tusschen Sietske en Multatuli bestond, een totaal van de vorige verschillende sfeer van maatschappelijk verkeer en gemoedsaandoeningen betreden. Daarover mag geen misverstand mogelijk zijn. Een muur scheidt deze in alle opzichten reine, ideale, relatie van de zooeven behandelde drie andere.

Wij keuren er niettemin even sterk, ja nog sterker, om af, dat Dekker zijne vrouw zoo voortdurend berichten zond over zijne liefde voor Sietske en Sietske's verliefdheid op hem. Nog sterker keuren wij het af, omdat, mocht Tine al van Dekker's andere relaties kunnen denken, dat zij te hoog stond om daarover jaloersch te kunnen worden, dat die van een soort waren zonder eenige overeenkomst met de liefde welke haar man aan háár verbond, van een aard, die 't haar onmogelijk maakte zich zelve te bekennen, dat zij er zich iets van aantrok, — zij over de betrekking met Sietske onmogelijk zoo kon denken. Sietske was een allerliefst jong meisje, van den zelfden stand als zij, ja veel wat Dekker in Tine vóór hun huwelijk gecharmeerd moet hebben, vond hij nu in Sietske terug.

Tine had dus dubbel reden om zich door deze genegenheid, juist wijl zij rein was en volkomen vrij van alle minder edele bedoelingen, juist wijl het 't bijzondere in Dekker's persoon was, dat Sietske in hem beminde, gegriefd te gevoelen. Als Dekker's herinnering opleefde, herinnering aan den lang vervlogen, en nog lánger vervlogen schíjnenden, zaligen engagementstijd, en hij maakte vergelijkingen, dan moesten die wel, zonder dat hij zelf misschien zich bewust werd wat daarvan de oorzaak was, ten voordeele van Sietske uitvallen. Immers Tine had, de gewone menschelijke liefde, welke van die andere slechts de grondslag was, daargelaten, in Dekker vereerd den man, die uitmuntend, die buitengewoon beloofde te wórden, terwijl Sietske in hem liefhad den man die buitengewoon gebleken was te zíjn. Het kon niet anders of Dekker moest in Sietske's fysionomie eene wolkelooze bewondering lezen, die hij bij Tine nimmer had kúnnen waarnemen, omdat de reden er toe toen nog niet aanwezig was. In der daad zijn er weinig dingen zoo pijnlijk voor de vrouw, die in eendrachtig huwelijk met haar man de middaghoogte des levens heeft bereikt, dan te bemerken hoe er zich eene genegenheid tusschen dien man en een hem vereerend jong meisje begint te openbaren. Zij toch, zijne vrouw, heeft hem bemind alleen om zijns zelfs wille, toen hij nog geheel onbekend en onberoemd was; zij is het leven met hem ingegaan vol moed, hoop en vertrouwen, met het zeer geprononceerde verlangen alle vreugd, maar ook alle leed met hem te deelen. En nu de boom zijns levens tot vollen wasdom is gekomen en vruchten draagt, is 't een jong meisje zooals zij vroeger was, die, met den blos en den glimlach der jeugd op het gelaat, de hand uitstrekt om die vruchten te plukken.

Indien wij voor een oogenblik Multatuli's vrouw en de kinderen willen vergeten, — het is echter juist de eigenaardigheid van ons westersch huwelijksbegrip, dat dit zoo ontzettend moeilijk is, zoo bij uitstek moeilijk ons den man te denken zonder de vrouw, den vader zonder de kinderen, daar wij gewend zijn den gehuwden man niet meer als een geheel op zich zelf te beschouwen maar alleen als een deel van het familiegeheel; — indien wij ons Multatuli denken als veertigjarig ongehuwd man of als weduwnaar, dan rijst zijne vriendschapsbetrekking met Sietske voor ons oog als een der teederst genuanceerde verhoudingen, die tusschen een man en een vrouw kunnen bestaan, een der schoonste, der fijnste banden, die tusschen twee zielen gelegd kunnen worden.

Deze betrekking staat hoegenaamd niet eenigszins uitvoerig in de Brieven beschreven, met enkele woorden wordt zij slechts nu en dan aangeduid: het is als Multatuli aan Tine schrijft, dat Sietske toch zoo lief is, dat hij „puur verliefd" op haar is, dat zij hem gezegd heeft om harentwille toch vooral geen greintje minder van Tine te houden, en aan Tine verlof te vragen háar, Sietske, een weinig te mogen beminnen; het is als Multatuli aan Tine bericht van het verlof dat hij, in Tine's naam, aan Sietske gegeven heeft om hem een beetje lief te hebben; maar door die weinige woorden heen, is het hem, die nu in den toestand is ingeleefd, mogelijk een kijkje te doen in deze charmante betrekking.

Sietske was de dochter van Kees Abrahamsz., de zuster, meenen wij, van den zelfden Theodoor, die na Dekker's dood een goed gemeend, weinig letterkundig en zeer geruchtmakend artikel over Dekker zou schrijven. Zij moet een buitengewoon bekoorlijk meisje geweest zijn, want bijna iedereen, dus lezen wij, was op haar verliefd. Zij moet niet zoozeer eene buitengewone schoonheid als wel in de hoogste mate innemend geweest zijn: bijzonder zachtzinnig, vriendelijk, vlug, en bovenal begaafd met die echt vrouwelijke en taktvolle hoffelijkheid, die de wenschen weet te voorkomen der menschen met wie zij in gezelschap is en een gesprek weet te voeren zóó, dat de overeenstemming der meeningen geen vervelende eentonigheid wordt en het verschil in meening geen enkel minder aangenaam oogenblik veroorzaakt.

Voor Dekker moeten die uren welke hij in de woning van Sietske's familie en in haar gezelschap ging doorbrengen, een genot bevat hebben, waarop hij uren en dagen lang vlaste.

Zoo eene verhouding, die meer dan vriendschap is en die geen liefde mag worden, had al het weemoedig aantrekkelijke eener schemering, van licht en donker. Het meisje en de man onderscheiden niet nauwkeurig meer wat er in hun binnenste omgaat, zij bemerken alleen met zekerheid, dat het iets heel moois en voor hen heel gelukkigs is. Allerlei tweestrijd doet zich voor in hun gemoed. Zij durven de liefde niet aan, zij zijn er bang voor als voor de duisternis, en het heldere, maar koele, licht van de vriendschap zien zij toch tanen voor hun innerlijken blik. Dan sluiten zij de oogen om aan de weifeling en aan de smart van den tweestrijd te ontkomen; maar als zij ze weer openen zijn de donkere wolken verdwenen en zien zij klaar en stil de sterren blinken, als de teedere seinlichten der sentimenten tusschen liefde en vriendschap in, in wier glans zij hun omgang mogen koesteren....

In dezen tijd van dagelijksche onrust en koortsige levenshaast, moeten de bezoeken aan de woning, waarvan Sietske het bloeiend middelpunt was, de bekoring als van eene oase op Dekker hebben uitgeoefend. Als hij de trap opkwam, in eene stemming nog verhit door de moeitevol ten einde gebrachte dagtaak, hoorde hij reeds hare welluidende stem, wier klank als eene verfrissching in zijn koortsig binnenste viel. Een minuut later was hij in hare tegenwoordigheid en had hij bij de begroeting haar hand, als een bemind vogeltje, in de zijne gevangen.

Hun blikken ontmoetten elkaâr en lazen er weder de blijde boodschap der innige, der teedere, maar reine verstandhouding. En dan begonnen de gesprekken. Zij vroeg hem naar zijn werk, met warme belangstelling, met eene belangstelling welke zich zoo uitte, dat hij aan ieder woord en aan haar geheelen toon bemerken kon, dat er niets in voorgewend of overdreven was.

Sietske's genegenheid voor Dekker was oorspronkelijk ontstaan uit een zelfden door haar van hem ontvangen indruk, als dien vele vrouwen van hem hadden ontvangen. Zij was in hem gaan vereeren den zeldzamen, den éénigen vaderlander met een hartstochtelijke kunstenaarsnatuur, den man die, voor één groote edelmoedige gedachte, zijn leven en zijn loopbaan aan volslagen ondergang blootstelde, den man, die zijn geluk prijsgaf, die al zijn tijd, kracht, moed en werk dienstbaar maakte aan de najaging van het ideaal, dat hij zich had gesteld. Zij bewonderde hem als een held, strevend naar het groote, als de figuur, die, meer dan wie zijner tijdgenooten ook, geschikt was om de rol van Koning te vervullen in de liefelijke feërieën der schuchtere meisjesdroomen.

Maar daarna had zich, als een kostbare

edelsteen op een gouden sieraad, de genegenheid, die het gevolg was van hun vertrouwelijk verkeer, in die nog vage vereering gevoegd. En waar in zulke gevallen de toenadering van beide kanten komt, bewaarheidt het spreekwoord „nul n'est grand homme pour son valet de chambre" zich niet. Sietske was wel niet Dekker's kamermeisje, maar het gezegde beduidt, meenen wij, dat de aureool, die eene vereering uit de verte om de slapen van den vereerden heeft gekranst, meest verbleekt door de prozaïsche ontdekkingen, die de werkelijkheid eener persoonlijke kennismaking medebrengt. En dit geschiedde hier niet. De bewondering verloor wat er nog koel en op-een-afstand in was. De vrees, de bedeesdheid verdween, en eene bewondering vol warme genegenheid stelde zich in de plaats.

Want Dekker was iemand, wiens persoon de indrukken bevestigde, die de lezing zijner werken had doen geboren worden. Zijne ziel stond op zijn gelaat te lezen, zijn hooge natuur wachtte niet op pen en papier om zich te doen gelden, maar schitterde ook in het gesproken woord, in de aanhoudende improvisatie van vernuftige gedachten, die zijn gesprekken waren.

De genegenheid van Multatuli en Sietske

Abrahamsz is in deze drukke en bonte periode het fijnst gekleurde en liefelijkste lotgeval. En als wij niet gedwongen waren steeds het droeve beeld van Tine op den achtergrond van Dekker's leven te zien, zouden wij met nog langduriger aandacht en meer onvermengde appreciatie in de beschouwing dezer hooge, mooie betrekking blijven verwijlen.

In 't algemeen kan men zeggen, dat van de vijf zeer uiteenloopende betrekkingen met vrouwen, (Tine, Eugénie, Pauline, het ontbijtstertje en Sietske,) waarin wij Multatuli hebben beschouwd, die met Sietske de meest ongemeene en meest typische was, omdat hoofdzakelijk den kunstenaar in Multatuli hare genegenheid gold en omdat hij in haar eene vertegenwoordigster aantrof van de sympathieën, die Nederlandsche lezeressen meer nog dan Nederlandsche lezers voor zijn werken gevoelden.

V

POLEMIEK. KONKLUZIE.

Na de verschijning van Multatuli's Brieven zijn er twee geschriften in het licht gekomen, in welke beide Multatuli's nagedachtenis ten zeerste is betrokken. Het eene is de brochure, getiteld Multatuli en Spiritisme („naar de oorspronkelijke Handschriften uitgegeven door S. F. W. Roorda van Eysinga, Emeritus Predikant"), het andere is de brief over de uitgave der korrespondentie zijns vaders door den heer E. Douwes Dekker Junior, te Sarronno, gepubliceerd in een weekblad, de Tribune, van 3 Maart jl.

De brochure over Multatuli en Spiritisme is een zonderlinge en niet weinig eigenaardige uitgave. De schrijver daarvan is... Multatuli, namelijk Multatuli's „geest", die zich van de hand eens anderen bedient, om ons zijn laatste produkten aan te bieden. Die andere wordt ons door den uitgever, den heer Roorda van Eysinga, voorgesteld als „een Nederlander, ernstig beoefenaar van het spiritisme, begaafd magnetizeur en schrijvend medium." Forster is zijn verdichte naam, Manstede de pseudoniem van de stad zijner inwoning. Mejufvrouw E. K. is eene begaafde clairvoyante, met wie hij werkt.

Indien het waar was, dat de heer Forster het vermogen had om den geest van Douwes Dekker op te roepen en dien nieuwe gedachten te doen produceeren, zou dat een zaakje zijn, waarmede de heer Forster zich schatrijk zou kunnen maken. De heer Forster zal hier niet tegen aanvoeren, dat hij rijkdom minacht en er dus niet naar streven zal dien te verwerven, want wilde hij dien rijkdom dan niet ten zijnen persoonlijken bate aanwenden, dan kon hij, ijveraar voor het spiritisme als hij zich betoont, dien aanwenden om op groote schaal propaganda voor het spiritisme te maken, hij kon er voorts liefdadigheidsinstellingen mede stichten, enz.

Indien de heer Forster ook nog andere gees

ten van overleden groote mannen kon oproepen, zou dat inderdaad in de eerste plaats de meest reëele onsterfelijkheid aan die mannen verzekeren en zoude op die wijze de onsterfelijkheid waarvan de dichters steeds gewagen op een verrassende, geheel onvoorziene, wijze waarheid blijken te zijn; in de tweede plaats zou ons vaderland zich op deze unieke vinding van een zijner zonen kunnen verhoovaardigen, en de heer Forster zoude, als impresario van geesten van gestorven groote mannen, eene reis om de wereld kunnen doen, die hem weldra eene algemeene vermaardheid zoude doen verwerven. Hij zou buitendien niet eens voor honoraria of reiskosten voor de geesten behoeven te zorgen....

De heer Forster intusschen, wiens goede trouw wij natuurlijk boven elken zweem van verdenking verheven achten, heeft zeer wel ingezien, dat hij met deze zaak de waardeering van velen voor het spiritisme, — waardeering van hen, die in het spiritisme gelooven, waardeering ook van de eenigszins reaktionaire moderne geleerden, die het spiritisme wetenschappelijk onderzocht willen zien — aan een gevaarlijke vuurproef onderwierp, waartegen zij alle kans had niet bestand te blijken. Immers, men kende Multatuli's zeer van alle andere geesten verschillenden geest, zoo als die zich tijdens Multatuli's stoffelijk leven uitte. Men had dus een zeker middel bij de hand om te kontroleeren, of het werkelijk Multatuli's geest was, die in den heer Forster sprak en of de heer Forster niet de dupe was der grappen van den een of anderen schalkschen spotgeest. Hierop is de heer Forster bedacht geweest en de bezwaren, die tegen zijn stelsel zouden te berde worden gebracht ten gevolge der voor iederen lezer der brochure verblindend duidelijke waarheid, dat de in die brochure zich openbarende geest hoegenaamd niets gemeen heeft met Multatuli's geest, — die bezwaren heeft hij van te voren meenen te weerleggen door een werkelijk niet weinig spitsvondig bedachte argumenteering. Het is de geest van Multatuli zelf, die deze argumenten ten beste geeft. Laat het u niet verwonderen, zegt hij ongeveer tot zijn medium Forster, dat gij in wat ik u thans dikteer, mijn eigenaardige stijl en uitdrukkingswijze mist. De oorzaak daarvan is, dat ik nu niet meer het tot mijn stoffelijk omhulsel behoorend instrument tot mijn beschikking heb, dat mij als mensch diende om mijne gedachten te vertolken. Ik bedien mij thans van úw hersenen, van úw instrument, vandaar dat mijn gedachten thans geheel anders klinken dan voorheen. Men moet dit vergelijken bij een zelfde door zekeren komponist ontworpen melodie, die op een orgel of piano gespeeld geheel anders klinkt dan op een viool of fluit. Men behoort dus, zegt de geest, alleen acht te geven op de essence van het medegedeelde.

Ons komt het evenwel voor, dat deze argumentatie, in weêrwil harer oogenschijnlijk bewijzende kracht, geen steek houdt, want juist de essence, de gedachte op zich zelve, van Multatuli's geest, was zoo bijzonder en eigenaardig, dat wij haar zouden herkennen van welk herseninstrument zij zich ook mocht bedienen om tot uiting te komen. Wij herkennen immers in de geschriften der Multatulianen, — in die van den heer Engelbert de Chateleux b. v. — onmiddellijk den geest van Multatuli, hoe zeer van het zijne verschillend het instrument ook is, dat hem ten gehoore brengt?.... De gevolgtrekking ligt voor de hand, dat, daar juist de essence van hetgeen de aan den heer Forster verschenen geest vertelt geheel en al verschillend is van de essence van Multatuli's gedachten, slechts deze twee gevallen mogelijk zijn: òf de heer Forster is beetgenomen door een dier ondeugende gnomen, gelijk er zoovelen door het heelal rondzwerven en die zich onder den naam Douwes Dekker bij hem heeft aangediend, òf de essence van Multatuli's gedachten is veranderd. En in het laatste geval is het onmogelijk te kontroleeren of het werkelijk Multatuli is, die zich aan den heer Forster heeft geopenbaard.

De geheel éénige gelegenheid om de pretentiën van het spiritisme te toetsen heeft dus geenerlei resultaat opgeleverd. Als de heer Forster niet anders tot onze kennis brengt dan eenige ouderwetsche godsdienst-voorstellingen, vermengd met een weinig natuurkunde, uit een vulgarisatie-werk opgedaan, en geuit in den eersten stijl den besten, ons daarbij verzekerende, dat het Multatuli is, die zoo schrijft met eens anders hand, dat wij hem wel aan niets herkennen, maar dat Multatuli's algeheele verandering daarvan de oorzaak is, nu ja, dan heeft hij natuurlijk goed praten. Maak dat nu maar eens uit.

Daarom zeggen wij: door een vlugschrift als dit wint de bewering der spiritisten geenszins aan waarschijnlijkheid; doch wordt hare geloofwaardigheid er integendeel eerder door geschaad dan gebaat.

De heer Forster schijnt eene benijdenswaardige zekerheid te hebben omtrent het goed recht van zijn zaak. Hij is zoo zeker van hetgeen zijne mededeelingen zullen uitwerken, dat hij met eenigen overmoed de door den geest Douwes Dekker gevulde bladzijden doet voorafgaan door een uitspraak door Dekker bij zijn leven over het spiritisme gedaan. Zij is vervat in een brief dien Dekker in 1876 aan den heer Forster schreef. Hij zegt daarin o. a.:

„Een schoonzuster van me, die zich geheel en al aan spiritisme wijdde en die NB. op velerlei gebied 'n heftige tegenstanster van mij was, zóó zelfs dat ik vele jaren lang taal noch teeken van haar ontving, schreef me op eens dat „de geesten" (wie weet ik niet) haar gezegd hadden:

„Multatuli is 'n apostel der waarheid."

Ik antwoordde: „in m'n hoedanigheid van apostel der waarheid ontken ik 't bestaan van geesten."

Nooit heb ik vernomen hoe „de geesten" zich gered hebben uit het (cretenser leugenaars-) dilemma, dat hieruit voortspruit."

En daarna volgen dan de veertig, door Multatuli's geest den heer Forster voorgezegde, bladzijden, waarin hij bovenstaanden uitval geheel en al terugneemt en begint met te zeggen, dat het spiritisme de eenvoudigste zaak ter wereld is en gelijk staat met tweemaal twee is gelijk vier. Vervolgens beschrijft Multatuli zijn verbranding in den lijkoven en zijne lotgevallen in hoogere gewesten. Daarbij keurt hij de meeste zijner levenshandelingen van vroeger nu ten sterkste af en neemt het meeste terug van al wat hij geschreven heeft. Hij vindt zijn leven nu één leugen, ééne komedievertooning, en zijne geschriften zeer slecht van strekking. Toen wij lazen van zijne ontmoeting met Tine in de geestenwereld, vroegen wij ons onwillekeurig af, hoe het gaan moet als al de andere geliefde vrouwen daar later ook bij zullen komen. Van monogamische liefdesbegrippen schijnt in de geestenwereld ook al heel weinig meer over te blijven. Het einde der mededeelingen is, dat Multatuli's geest nogmaals geïnkarneerd zal worden en wel in een jongeling, die goed zal maken wat Multatuli vroeger als volwassen man misdreven heeft. . . .

Wij herhalen, wij kunnen in dit alles niet anders zien dan eene onschuldige tijdpasseering voor goedgeloovige geestenbezweerders. Wel moge het hun bekomen, zouden wij zeggen.

De brief van den jongen Eduard Douwes

Dekker is ook een eigenaardig dokument.

Het schijnt wel dat de nagedachtenis van Multatuli een even rumoerig lot moet hebben als gedurende zijn leven Multatuli's deel is geweest. Dat wil maar niet tot rust komen. De opschudding door dezen held met zijn geweldige ziel in het rustige vaderland veroorzaakt, duurt nog maar steeds voort.

De jonge Dekker behandelt in dien zeer onbezadigd gestelden brief zijne stiefmoeder op alles behalve eerbiedige wijze. Hij verhaalt hoe zijn vader háar alles (!) bij testament gemaakt heeft, dat zij daarom ook het recht tot de uitgave der Brieven meent te hebben, dat hij er aan wanhoopt om, mocht hij de zaak voor een Nederlandsche rechtbank brengen, door de rechters in 't gelijk gesteld te worden, en dat hij derhalve de zaak maar voor die rechtbank zal brengen, waarvan zijn vader ook zoo dikwijls gebruik heeft gemaakt, namelijk de rechtbank der openbare meening.

Il faut laver son linge sale en famille, zegt het spreekwoord. Zelden werd dit spreekwoord zoo weinig in toepassing gebracht als door Dekker's familie, zelden werd een vuile wasch zoo volledig in 't publiek behandeld. Wij vernemen ook dat Tine's familie „een en al

Bij den uitgever J. C. LOMAN Jr. te *Bussum* is verschenen:

DE VIERDE DRUK VAN
HOLLANDSCH BINNENHUISJE
DOOR
JOHANNA VAN WOUDE
(Mevr. van Wermeskerken—Junius)

Met acht illustraties van W. STEELINK.

Prijs *f* 2,25. In prachtband *f* 2,90.

Mevrouw van Wermeskerken was als Johanna van Woude reeds te goeder naam bekend, en schreef indertijd in „Nederland" de schetsjes, die, in één bundel vereenigd en met een plaatje van Steelink versierd, nu door Loman worden uitgegeven.

De eerste huwelijksjaren van een paar menschen worden er in geteekend met zooveel geest en zooveel liefde, met zooveel eenvoud en zin voor poëzie, dat de Génestet zeker pleizier zou gehad hebben in dit „hollandsch binnenhuisje."

„En veertig geslachten gingen voorbij, staat er in Genesis," zoo herinnerde het jonge vrouwtje, waarvan de schrijfster verhaalt, haren man, toen hij in een moedelooze bui er niet toe komen kon de pen te gebruiken om „wat te schrijven," „veertig geslachten gingen voorbij! En van al die menschen, waaronder toch ook wel heel uitstekende zullen geweest zijn, is zelfs geen naam meer tot ons gekomen. Denk eens aan, Hein!...." en zij betoogt verder op haar gezellig keuvelende manier, dat haar man bij zijn werk aan geen roem moet denken. „Maar als ge ook slechts in enkele harten geestdrift wekt voor het goede, en edele hartstochten wakker roept, dan is uw werk al niet vergeefs geweest."

En dat praatje brengt Hein aan het peinzen. Ja, dacht hij, wat beteekende roem!.... „Hoe grooter afstand ligt tusschen onze nakomelingen en ons," zoo mijmerde hij, „des te vager en flauwer komen de namen onzer beroemde mannen en vrouwen tot hen, zooals een bergachtig landschap uit het oog des wandelaars verdwijnt; eerst de heuveltoppen, dan de bergspitsen, en eindelijk ook die hemelhooge kruinen; alles nevel, alles nevel.... Maar eene der duizend in alledaagschheid weggezonken zielen uit hare sluimering te wekken en loome, geestdriftlooze harten van edele vervoering te doen kloppen, hoe kort dan ook".... Zijn eigen hart werd als onrustig van verlangen bij die gedachte.

De schrijfster zal ongetwijfeld velen, zeer velen verkwikken en goeddoen door hen dit kijkje in een hollandsch binnenhuisje te geven, daargelaten nog de letterkundige waarde, die haar boek ongetwijfeld bezit. Met een oorspronkelijk talent weet zij op gewone, van ouds bekende, alledaagsche, honderdmaal beschreven dingen, een licht te doen vallen, waaronder zij weder frissche bekoorlijkheden en nieuwe aantrekkelijkheid verkrijgen. Wij danken haar van ganscher harte voor het genot dat haar „binnenhuisje" ons verschafte en hopen dat velen onzer lezers zich zelven dat genot bereiden.   *De Hervorming.*

Daar is in het geheele boek eene puntigheid, eene klaarheid van stijl, eene natuurlijkheid van voorstelling, die het zeer aantrekkelijk maken. Het is een heerlijk boek door de gezonde wijze waarop het gevoel in de oogenblikken van waar genot en van diepe droefheid zich uit, en 't is even verkwikkend de luchtkasteelen van het aanstaande echtpaar te volgen als innig aangrijpend deelgenoot te worden van hunne smart. Het is indrukwekkend voor iedereen, ook voor hen die zoo gelukkig zijn, een minder negatieve levensbeschouwing te hebben dan de schrijfster.
Nieuws van den Dag.

Dat het sentiment van goed gehalte is, kan bij herlezing van het boekje blijken; dan toch kan men waardeeren hoe harmonisch innig, hartelijk van het begin tot het einde, de toon der schrijfster is; hoe de aandoening niet door schokken of heftige kunstgrepen, maar door het eenvoudigst, natuurlijkst verhaal wordt te weeg gebracht; hoe uit iedere bijzonderheid zoowel als uit het geheel, eene fijngevoelige, smaakvolle vrouw spreekt. Toch, ondanks de aandoenlijke tafereelen is het niet met een week, overgevoelig gemoed dat men hier te doen heeft: eene gezonde, blijmoedige levensbeschouwing, moed en humor spreken uit het boekje. Het is echt Hollandsch en modern in den besten zin. *Nederland.*

Zou er iemand zijn die niet onder de bekoring geraakt van deze poëzie?
Met wat groote liefde zijn al die gewone dingen geteekend! Wat een hart spreekt er uit elke bladzijde! Wat een vriendelijke geest, aan alle bitterheid vreemd, wat innig gevoel zonder sentimentaliteit komt er uit te gemoet! Wat zien oude dingen er weer jong en frisch uit, en hoezeer ontvangen bekende zaken weer nieuwe aantrekkelijkheid.
. . . . . . Zulk een boek te durven geven dat noem ik een vaderlandslievende daad.
J. VAN LOENEN MARTINET. (*Zwolsche Cour.*)

Gelukkig de man, die zoo'n zonnetje in huis heeft. Tusschen al de verhalen van ongelukkige huwelijken, ontrouwe echtgenooten en misleiders in de gedaante van huisvrienden, waarmee men tegenwoordig overstelpt wordt, doet het den lezer goed in ruimer geest te mogen ademen.
Indische Mercuur.

Het moet een eigenaardig genot zijn, vele onbekende vrienden te hebben. Mevrouw Van Wermeskerken — wij durven het haar gerust verzekeren — zal aan zulke onbekende vrienden geen gebrek hebben. Want niemand zal haar jong „Hollandsch Binnenhuisje" neerleggen zonder aan de schrijfster een vriendelijke en dankbare gedachte te wijden, en de kinderen harer verbeelding — Hein en Truus, en Janneman — zullen zich in veler harten eene blijvende plaats hebben veroverd.
Weekblad De Amsterdammer.

De bijzondere zorg, die de uitgever wijdde aan het „Hollandsch Binnenhuisje" doet iets goeds verwachten, en de lezer wordt niet teleurgesteld.
Mevrouw Van Wermeskerken heeft opmerkingsgave en gevoel: zij schrijft eenvoudig maar goed, zonder naar „mooi doen" te streven. Haar „Hollandsch Binnenhuisje" maakt dan ook een verkwikkenden indruk.
Vaderland.

DE TWEEDE DRUK VAN

TOM EN IK

DOOR

JOHANNA VAN WOUDE

(MEVR. VAN WERMESKERKEN—JUNIUS)

Met een plaat van W. STEELINK.

Prijs ƒ 1,90. In prachtband ƒ 2,50.

Ook aan dezen roman is eene ontvangst — zoowel door het publiek als door de kritiek — te beurt gevallen, die nauwlijks door die van het *Binnenhuisje* wordt overtroffen.

Wie het eerste hoofdstuk van „Tom en Ik," zegt de *Hervorming*, heeft gelezen, is voor het boek gewonnen. 't Is zoo dichterlijk, zoo eenvoudig, met zoo fijne pen geschreven en met zulk een innig gevoel, dat het een onweerstaanbare bekoorlijkheid uitoefent; en voor goed neemt het uwe belangstelling voor Tom en Madelon in beslag; want van den beginne af staan die twee personen u duidelijk voor den geest en beseft gij, dat het een vraag van belang is, wat er van hun echtverbintenis zal worden.

Madelon zelve is in heel het boek aan het woord. Er kan dus alleen in verhaald worden, wat zij zelve ziet gebeuren of van anderen te weten komt. Een enkele maal vraagt men wel eens: van waar weet Madelon dit? maar tegen dit kleine euvel, dat den door de schrijfster gekozen vorm aankleeft, staat menig voordeel over. Met veel menschenkennis en groote kunstvaardigheid heeft mevr. van Wermeskerken zich in haar Madelon ingedacht en de wereld, waarin deze leeft, bekeken uit hare oogen en weergegeven in haar geest.

De schrijfster heeft zich de oplossing van het door haarzelve gestelde vraagstuk misschien wat gemakkelijk gemaakt, door ten slotte zich van zeker soort van „Deus ex machina" te bedienen — maar de wijze waarop die eindkatastrophe verhaald wordt, verzoent ook daarmede. In 't kort; de schrijfster van een „Hollandsch binnenhuisje" heeft ook hier weder een bewijs gegeven van haar frisch, haar aantrekkelijk talent. En dat zij haar boek in zulk beschaafd, onopgesmukt, goed nederlandsch heeft gegeven, verdient te midden der hedendaagsche geaffecteerde kromschrijverij opzettelijke en dankbare vermelding.

In denzelfden geest wordt het door de meeste Tijdschriften en dagbladen besproken.

Zoo leest men in het Tijdschrift *Nederland:*

Na den grooten bijval dien het „Hollandsch Binnenhuisje" gevonden had, was men nieuwsgierig, hoe de schrijfster, die schijnbaar zoo naïef en natuurlijk zich zelve geheel gegeven had, weer anders zou kunnen zijn. Welnu Tom en Ik was weer anders; vele lezers vonden zelfs de analyse fijner, dieper dan die van Johanna van Woude's vorige werken; in elk geval was weer de indruk gegeven van eene frissche verbeeldingskracht, een gevoelvol hart, een kloek verstand, beschikkend over een pen, die voor iedere gedachte de eenvoudige, harmonische, smaakvolle uitdrukking weet te vinden.

Ziehier een fragment uit een zeer uitvoerig artikel in de *Haagsche Courant:*
Het is Madelon, die verhaalt wat haar en Tom overkwam, gedurende de eerste jaren van hun huwelijksleven, — hoe Tom haar door zijn karakter van een onnadenkend kind tot een verstandig vrouwtje opvoedde, — en hoe zij, op haar 17e jaar met Tom geëngageerd geraakte. En dat ging zoo doodeenvoudig. Het was een mooie partij, wel een „ongeslepen diamant," zoo als mama zeide, maar een „coeur d'or" en . . . . „de l'or dans ses poches" er bij.

„Adèle zegt dat alle oudelui wel blij zouden zijn, hunne dochter zoo goed geborgen te zien," vertelt Madelon dan ook, van hare zuster sprekende. En papa en mama hadden dan ook volstrekt geen bezwaren, toen Adèle, na de confidentie van haar zusje te hebben gehoord en met haar aan de theetafel terugkeerende, op eens zeide: „Verbeeldt u, dat kind is geëngageerd."

„Tot groote verwondering van Tom hebben papa en mama volstrekt geen bezwaren," teekent ze daarbij aan.

Is daarmee de geheele situatie niet uitstekend geteekend, met die enkele lijnen, papa en mama, Adèle en Tom, allen te zamen?

Zoo ziet men daarna zich het geheele kleine drama ontwikkelen, zonder geweldige feiten, zonder buitengewone voorvallen, huiselijk, gewoon, bijna alledaagsch, maar volkomen natuurlijk. Moge zij dan vele lezers vinden, die haar waardeeren en liefhebben. Dan zal er van haar ook kracht kunnen uitgaan tot verwezenlijking van Tom's ideaal:

„Dat de mensch mensch zij, een afgerond geheel, een man uit één stuk van wien men weet wat hij wil. Een minder aangenaam mensch desnoods; maar geen wezen, dobberend, zwikkend, wankelend, nu rechts dan links geslingerd door allerlei invloeden. Wat aan de tegenwoordige jongelui ontbreekt is geestkracht, vastheid van wil."

Welk een heerlijke levenstaak, zulke eischen voor te houden aan zijn volk! En welk een heerlijke gedachte, te mogen hopen, dat hier en daar die woorden in goede aarde vallen en karakters zullen doen ontstaan, tegen alle omstandigheden in!

Het *Handelsblad* komt tot de conclusie:
Tom en Ik is een goed boek, goed opgemerkt, goed geschreven, en goed bedoeld, dat in ruimen kring verdient gelezen te worden.

Het Vaderland eindigt zijne bespreking met te verklaren:
Het zou ons niet verwonderen zoo „Tom en Ik" nog meer lezers en lezeressen vond dan het minder romantische, „Hollandsche Binnenhuisje"

En het *Dagblad van Zuid-Holland:*
De schrijfster van „Hollandsch Binnenhuisje" is ook in dit boek zichzelve gelijk gebleven en heeft daardoor onze literatuur met een werk van waarde verrijkt. Er bestaat bij ons geen twijfel, of „Tom en Ik" zal zich over eene warme ontvangst mogen verheugen.

Binnen een jaar was dan ook een herdruk noodig waarop de uitgever de aandacht van het lezend publiek wenscht te vestigen. Aan deze uitgave is niet minder zorg besteed dan aan het *Binnenhuisje*. Beide fraai uitgevoerde werkjes vormen, ook uitwendig, een schoon geheel.

DE TWEEDE DRUK VAN

HET LAND VAN RUBENS

DOOR

C^D. BUSKEN HUET

één deel kl. 8º ƒ 1,90. In Stempelband ƒ 2,50.

De volgende aanhalingen zijn ontleend aan de studie van den heer H. J. POLAK, onder den titel: „tweeërlei letterkundige kritiek," opgenomen in *De Gids* van Mei 1891.

Met welk een *verve* wordt in *het Land van Rubens*, wanneer de beschrijving van Chantilly aan de beurt is, aan de hand van Mad. de Sévigné de heugenis opgehaald der schitterende partijen, eenmaal door Condé in die zalen en parken Lodewijk XIV aangeboden.

Nergens misschien trof hij eene kunst en een natuur, wier overeenstemming zijn talent zoo goed waarnemen en weergeven kon. Beiden niet grootsch, niet aangrijpend wild, maar stralend in een bevallige, romantische bekoring. Nooit heeft dan ook zijn stijl doorzichtiger fijnheid, nooit gloedvoller bezieling gevonden, dan toen hij er zich toe zette om deze harmonie van landschap en menschenarbeid te vieren. Hij heeft in waarheid zijn pen in vloeibaar goud gedoopt. Fraai is zijn schildering van Belgie's nijveren bijenkorf, van zijn groote steden en zijn badplaatsen, kweeksters of vertegenwoordigsters der moderne cosmopolitische weelde. Onovertroffen die der meerendeels doodsche steden van het voormalige graafschap Vlaanderen, allen in zwijgenden rouw verzonken over het verlies, — onherstelbaar, naar het schijnt, — der vroegere heerlijkheid. Bovenal treffend die van de Gentsche Vrijdagmarkt met haar standbeeld van den dooden Artevelde, wacht houdende over zijn uitgestorven veste. Zijn beschrijvingen van Belgie's natuurschoon doen daarvoor niet onder. Ziehier het slot der uitvoerigste, die der *Grotte de Han*.

„Een donkere waterplas, zwart als de Styx, duidt aan dat de tocht volbracht is. De nacht wordt volkomen. Charon's boot ligt vastgemeerd aan den oever. Roeiers noodigen tot instijgen. — — De overmoedige aardbewoners, die eene reis naar het doodenrijk durfden ondernemen, dobberen de bewoonde wereld langzaam weder te gemoet. Aan den horizont begint zich een lichtende stip te vertoonen, bleek van glans als de maan. De stip groeit tot een schijf. Het zwarte water gaat de blauwe tint van vloeibaar staal aannemen. Onder het voortglijden ziet men den nacht ochtendschemering, de schemering morgenstond, den morgen dag, het maanlicht rijzend zonlicht worden. Nog één riemslag, en bij het zwenken ligt men onder den lagen, wijden boog der aanlegplaats."

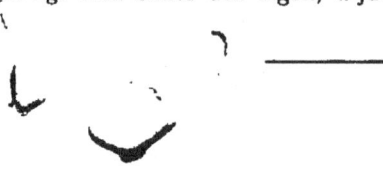

GESCHIEDENIS DER MUZIEK.

In twaalf Voorlezingen

DOOR

W. LANGHANS,

BEWERKT DOOR

JACQ. HARTOG,

Leeraar aan het Conservatorium te Amsterdam.

INHOUD.

I. DE OUDHEID. Doel en plan van de studie der muziekgeschiedenis. — Karakteristiek van de muziek der Indiërs, Chineezen, Egyptenaren. Hebreeuwen. — De muziek der Grieken. — De antieke Tragedie. — Invloed van de Grieksche philosophie op de ontwikkeling der kunst. — Lyrici, Instrumentaal-virtuozen, theoretici. — Het verval der muziek onder de heerschappij der Romeinen. — Keizer Nero.

II. DE MUZIEK DER EERSTE CHRISTELIJKE TIJDEN. Afhankelijkheid van de kunst der eerste christentijden van die der antieken. — Het voortleven der Grieksche beschaving, ook na de volksverhuizing. — Theodoric, koning der Gothen. — Het Grieksche toonsysteem als basis van het christelijke. — Stichting der eerste Zangscholen te Rome. — Reformatiën door den bisschop Ambrosius en door Paus Gregorius. — Karel de Groote. — De Zangschool van St. Gallen.

III. HET BEGIN DER VEELSTEMMIGE MUZIEK. De Arabieren en de Noordsche volkeren. — De muzikale Instrumenten en het Organum. — Hucbald. — Neumen. Guido van Arezzo. — Solmisatie. — Mensuraalmuziek. — Franco van Keulen. — De scholastische Philosophie.

IV. DE MUZIKALE HEERSCHAPPIJ DER NEDERLANDERS. Kruistochten. — Troubadours. — Minnezang en Meesterzang. — Vereeniging der Instrumentaalmusici. — Het duitsche Volkslied. — Het Pausdom te Avignon. — Discant. — De Nederlanders te Rome: Dufay, Ockeghem, Josquin. — Vorderingen in de kunst om muzieknoten te drukken. — Voorbereiding der Renaissance door Dante, Petrarca, Boccaccio.

V. DE HERVORMING DOOR LUTHER EN DE RENAISSANCE. Beeldende kunst en muziek in het begin der 16de eeuw. — Het protestantsche kerkgezang. — Zijne terugwerking op dat der Katholieken. — Palestrina. — Klassieke kunst. — Pogingen om de antieke muziek weêr te doen herleven. — Monodie en Recitatief. — Caccini en Peri. — De opera.

VI. DE ITALIAANSCHE OPERA. Venetië. — Willaert geeft aan de kerkmuziek aldaar een dramatisch karakter. — Zijn leerling Zarlino brengt het zuiver diatonische systeem tot geldigheid. — A. en J. Gabrieli. — Ontwikkeling van de opera. Monteverde, Cavalli. — De stijl voorkamermuziek. — De Napelsche school van A Scarlatti. — Hare verspreiding over Europa. — De kunstzang. — Wedstrijd der latere Napolitanen met Gluck en Mozart. — Rossini. — Verdi.

VII. DE FRANSCHE OPERA. Perrin en Cambert, de stichters van de nationale opera in Frankrijk. — Hare ontwikkeling door Lully en Rameau — Gelijkzwevende temperatuur. — De opéra comique. — Buffonisten en Anti-Buffonisten — De philosophie der verlichting in de 18de eeuw. — Jean Jacques Rousseau. — Gluck. — Het parijsche Conservatorium voor muziek. — Buitenlandsche componisten in dienst der Fransche opera: Cherubini, Spontini, Meyerbeer.

VIII. DE DUITSCHE OPERA. De eerste opvoering eener opera in Duitschland. — Het ontstaan van eene duitsch nationale opera in Hamburg. — Reinhart Keiser. — Het Zangspel door J. A. Hiller veredeld. — Dittersdorf en de opéra comique. — „Die Entführung" en „die Zauberflöte" van Mozart. — Fidelio van Beethoven.

IX. HET ORATORIUM. De Passie en de Mysteriën in de middeleeuwen. De muzikale Congregatiën van Fillippo Neri. — Invoering van den dramatischen stijl in de kerk: Cavaliere, Viadana, Carissimi. — Lotti, Caldara, Marcello, de laatste vertegenwoordigers der venetiaansche school. — Verdere ontwikkeling der kerkmuziek in Duitschland: Orlandus Lassus, Eccard, Hans, Leo Hasler, Heinrich Schütz — Vermenging van opera- en kerkstijl te Hamburg. — De tekst der Passie van den Licentiaat Brockes. — Händel en Bach. — De ontwikkeling van de muzikale toestanden in Engeland. — Mendelssohn. — Liszt.

X. DE INSTRUMENTALE MUZIEK. Het orgel en de claviatuursnaarinstrumenten. — De luit. — Tabulatuur. — Strijk- en blaasinstrumenten. — Instrumentale stijl. — Instrumentale muziekvormen — De cyklische vormen: Parthie, Suite, Sonate. — De moderne Piano Sonate en de Orkest Symphonie. — De duitsche Philosophie van de 18de eeuw.

XI. DE ROMANTISCHE SCHOOL DER NEGENTIENDE EEUW. De invloed der Romantiek op de lyrische poëzie. — Het volkslied en het kunstlied. — Ontwikkeling van het laatste door Franz Schubert en door Robert Franz. — De romantische opera: Spohr, Weber, Marschner. — De romantische instrumentaal-muziek: Mendelssohn, Schumann. — Lieder ohne Worte. — De fransche romantische school: Berlioz, Liszt, Chopin. — Programmamuziek. — Het moderne pianospel.

XII. RICHARD WAGNER.

KANTTEEKENINGEN.

BIJVOEGSELS.

I.) Tabel om eenige jaartallen, belangrijk voor de muziekgeschiedenis, in het geheugen te prenten.

II.) Lijst van nieuwe uitgaven van oude muziekwerken.

REGISTER.

Dit werk, dat onderhoudend geschreven, een zooveel mogelijk volledig overzicht geeft van de geschiedenis der muziek, en door uitvoerige registers gemakkelijk is te raadplegen, wordt aanbevolen door de *Koninklijke muziekschool* te 's-Gravenhage, de *Nederlandsche toonkunstenaarsvereeniging* en het *conservatorium* te Amsterdam. Een fraai boekdeel. Prijs *f* 2,50.

NEDERLAND.

VERZAMELING VAN OORSPRONKELIJKE BIJDRAGEN VAN NEDERLANDSCHE LETTERKUNDIGEN

ONDER REDACTIE VAN

Mr. M. G. L. van LOGHEM.

Verschijnt in afleveringen, van 7 à 8 vel royaal 8º, die geregeld op den 1sten van elke maand aan de Inteekenaars worden toegezonden.

Het Tijdschrift **NEDERLAND**, geheel gewijd aan de Nederlandsche belletrie, heeft zich van zijne oprichting in 1849 af, steeds mogen verheugen in de belangstellende medewerking onzer eerste letterkundigen en in de toenemende belangstelling van het publiek.

De inteekening op het Tijdschrift **NEDERLAND** is bij alle boekhandelaren des rijks opengesteld.

De prijs van den geheelen jaargang is ƒ 12,50.

Het Register op de 40 eerste jaargangen (1849—1888) wordt zoolang de voorraad strekt aan belangstellenden, die daartoe bij den uitgever J. C. LOMAN Jr. aanvraag doen, gratis toegezonden.

Prijs

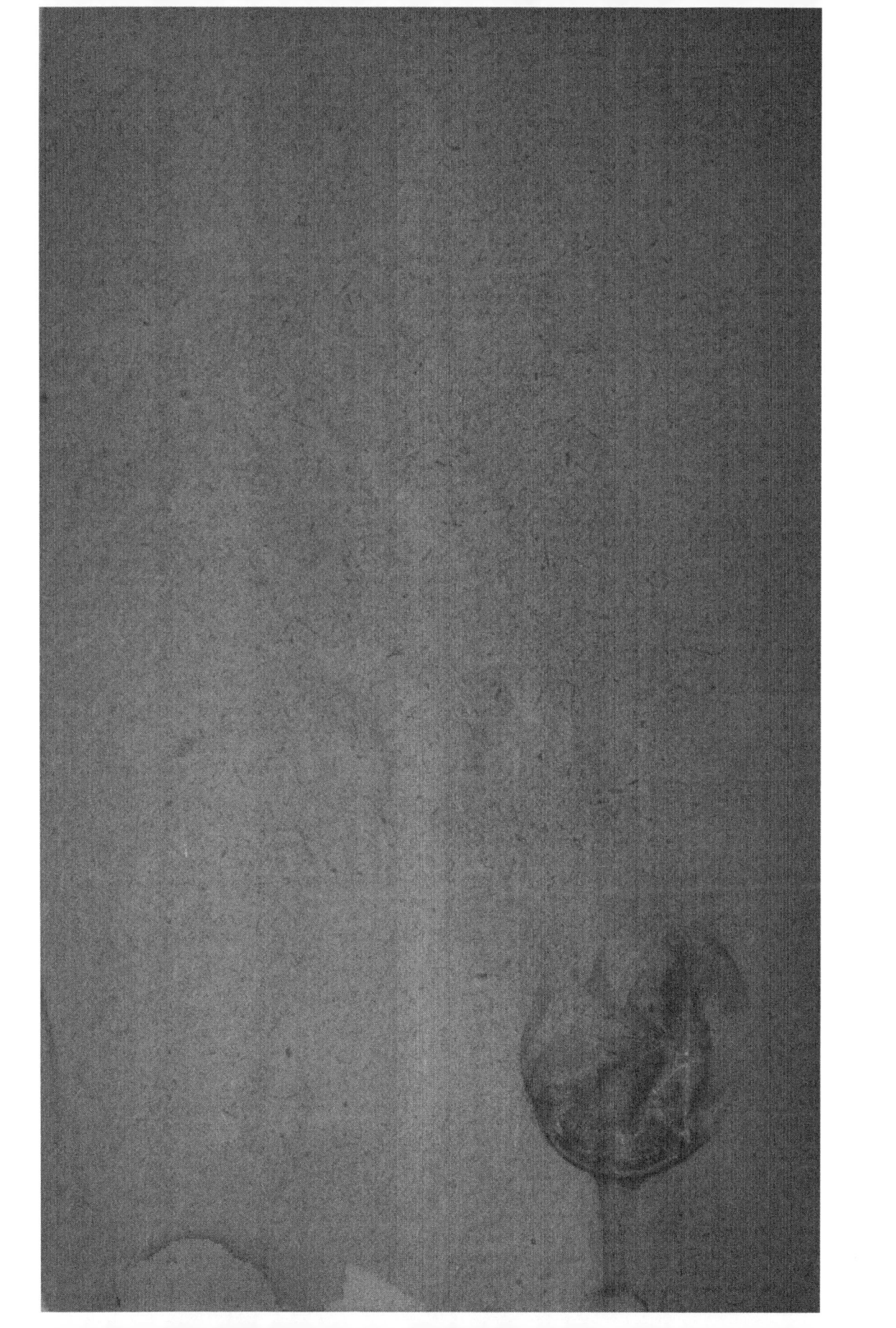